人人都能演讲

100天成为演讲高手

李朝杰——

著

中国纺织出版社有限公司

内 容 提 要

当今社会，随着市场经济的深入推进和移动互联时代的发展，公众演讲能力越来越重要，各种演讲类节目、短视频的火爆就是一种体现，人们通过演讲传递知识、思想、有趣的故事。

本书是作者十多年演讲和教学实践的成果，内容包括丰富实用的演讲理论和方法、具体的演讲技巧以及不同场景的演讲实践，最后还附有演讲课学员的成长故事，相信能带给你启发和激励。

本书适合职场人士、大学生阅读和学习，青少年在家长的指导下也可参考。

图书在版编目（CIP）数据

人人都能演讲：100天成为演讲高手 / 李朝杰著
. -- 北京：中国纺织出版社有限公司，2023. 3（2023.10重印）
ISBN 978-7-5229-0206-7

Ⅰ. ①人… Ⅱ. ①李… Ⅲ. ①演讲—语言艺术 Ⅳ.
① H019

中国版本图书馆 CIP 数据核字（2022）第 253111 号

策划编辑：向连英　　责任编辑：顾文卓
责任校对：高　涵　　责任印制：储志伟

中国纺织出版社有限公司出版发行
地址：北京市朝阳区百子湾东里A407号楼　邮政编码：100124
销售电话：010—67004422　传真：010—87155801
http://www.c-textilep.com
中国纺织出版社天猫旗舰店
官方微博 http://weibo.com/2119887771
鸿博睿特（天津）印刷科技有限公司印刷　各地新华书店经销
2023年3月第1版　2023年10月第2次印刷
开本：710×1000　1/16　印张：15
字数：215千字　定价：59.80元

凡购本书，如有缺页、倒页、脱页，由本社图书营销中心调换

人生是个大舞台，我们要敢于演出

我从 2010 年开始接触培训工作，到现在已经有 13 年了。从 2018 年专职从事演讲培训，到现在也有 5 年了。这期间，我从不敢演讲、不愿演讲，到现在乐于演讲、享受舞台，可以说是演讲训练改变了我的职业轨迹，让我收获了自信和勇气。

在演讲培训和辅导过程中，我发现很多人并不是因为不会讲而不上台，而是根本就不敢讲。即便在我听来，其中一些人讲得挺好，他们还是认为自己不行。人们在演讲这件事上"偶像包袱"太重，太追求完美，过分在意别人的目光和评价，于是就干脆不上台，这样最安全，殊不知会错过许多机会。

俞敏洪在"我是演说家"节目中说道："当有人站在这么一个舞台上，我们很多同学都会羡慕，也会想，也许我去讲，会比他讲得更好。但是不管站在台上的同学是面对失败还是最后的成功，他已经站在这个舞台上了。而你，还只是一个旁观者，这里面的核心元素，不是你能不能演讲，不是你有没有演讲才能，而是你敢不敢站在这个舞台上来。我们一生有多少事情是因为我们不敢，所以没有去做的。"

俞老师的话句句扎心，说出了无数人内心深处的声音。

我们演讲学习班有一位学员叫小宝，他在参加演讲课时分享了自己的故事：当年上高二的时候，学校学生会成员公开征集报名，竞选者需要上台发表一个演讲，他十分腼腆，不善言辞，在同学的怂恿下，他鬼使神差地报了名，最终当选为学生会副主席。从此开启了成长飞轮，因为有更多机会去公开讲话而收获了自信和口才，因为收获了自信和口才而更愿意上台发言。上大学后继续担任学生干部，大学毕业后考上了国家公务员。他说："演讲切切实实地改变了我的人生，让我从一个腼腆内向的人，变成了喜欢跟别人交流、愿意开口表达、敢于在公众场合说话的人。"

小宝是一个正面案例，更多的学员则是反面案例，因为一次失败的演讲，从此再也不敢上台。所谓一朝被蛇咬，十年怕井绳。他们来参加演讲训练后发现，其实演讲也就这么回事，没那么可怕，原来之前让自己恐惧的只是想象出来的恐惧。他们后悔没有早点遇到我，没有早点学习演讲，以至于失去了很多宝贵的机会。还好，他们以后在各种舞台上，会敢于演讲、善于演讲，绽放自己的光芒。

人生是个大舞台，我们要敢于演出。你上台了，可能会失败；但是不上台，别人连认识你的机会都没有，这比失败还"失败"。多少人年老迟暮的时候，躺在病床上回忆自己的一生，后悔自己当年没有向一个人表白，没有把握一个机会，没有登上一个舞台。比起失去，更可悲的是从未拥有。演讲这件事上，比起失败，更可悲的是从来不敢演讲。演讲的意愿和勇气是前提，其次学习演讲技巧才有用。

我有很多合作伙伴、客户、朋友都是通过我的演讲或课程，和我认识的，他们是我人生道路上的贵人，如果没有那些公开"演出"，就没有后来的故事。2018年5月，我在混沌大学杭州校区的一次活动上，向现场100多人分享演讲技巧，其中一位观众叫于振源，事后我们加了微信，开始交流，成为彼此的良师益友、合作伙伴，他是保险界的精英，这几年给我介绍了很多学员。

就连我的爱人也是通过演讲结缘的。在一次西湖边举办的学习活动上，我发表了一个8分钟的演讲，期间注意到一位女观众眉清目秀、可爱动人，于是在茶歇时间和她搭话，她很佩服我敢于登台分享，我很欣赏她的才华和美貌，于是两个年轻人就这样认识了，最终走到一起。

人们不敢演讲，背后的原因无非是三种：担心自己讲的话缺乏深度，不懂演讲方法，缺少演讲经验，导致在台上心理素质差。针对第一个原因，需要自己持续积累，丰富阅历。针对第二个原因，可以通过阅读书籍或参加演讲课程，学习演讲技巧，其实演讲能力真没那么高深莫测，和其他技能（如开车、炒菜、游泳）一样，都有成熟的方法可以参考。针对第三个原因，需要自己在现实中多讲多练，积累演讲经验和自信，锻炼在台上讲话的心理素质，乔布斯、马云等演讲高手都是这样练出来的，你对比一下他们在网上早年间和后来的演讲视频就明白了，没有人天生就会演讲，"熟能生巧"也适用于演讲这个技能。

为什么我敢说 100 天就能成为演讲高手？因为我在演讲教学实践中，服务过几千名学员，总结出了这样一个规律。一个演讲很差的学员在参加两天集训课程后，坚持练习三个月，每周一次演讲，每次都认真准备，这样三个月内练习 6～10 次演讲，就能完全掌握演讲技巧、收获演讲自信，之后在其他任何场合需要演讲的时候，能做到控制好紧张情绪，把内容有条不紊地讲清楚，而且有一定亮点，这样的人我称之为"演讲高手"。

100 天能让你学会熟练开车，100 天也能让你掌握演讲的能力。本书就是演讲方面的"驾驶指南"，它能为你保驾护航，把其中的技巧应用到现实中，反复实践，你一定能成为演讲高手。

人生是一个大舞台，祝愿你演出成功、讲出精彩！

李朝杰

2022 年 11 月 3 日于杭州

扫一扫，与作者近距离交流

目 录

第一部分：演讲常见的问题   / 1

我特别害怕演讲，还有救吗   / 2

普通话不标准、没有文采，我能演讲吗   / 4

嘴巴不利索、口才不好怎么办   / 7

一次演讲失败后，再也不敢上台   / 9

演讲需要练多久才能学会   / 11

私下如何练习演讲口才   / 13

上台不知道说什么，缺乏内容   / 15

演讲稿写不出来怎么办   / 18

三种人学不会演讲，你是其中一员吗   / 20

不会倾听也是一种演讲问题   / 22

怎样成为演讲高手   / 24

第二部分：演讲的精进心法   / 27

人人都需要演讲   / 28

演讲的意义不只是传递信息   / 30

演讲锻炼的不仅仅是口才   / 32

运用刻意练习的方法论提升演讲能力   / 35

演讲高手需要具备的四大武器 / 38

一场合格的演讲有哪些标准 / 41

做好三步，你也能控制演讲紧张情绪 / 43

从听众角度出发，准备演讲 / 45

发表一次演讲，需要准备多久 / 48

人们为什么需要演讲教练 / 51

第三部分：**演讲的基本技巧** / 55

演讲开头的三个重点 / 56

演讲正文的三种结构 / 62

演讲结尾的四种方式 / 66

如何实现演讲目的 / 70

演讲是讲故事的技术 / 80

如何讲好一个故事 / 85

如何让演讲语言通俗易懂 / 89

类比是演讲者必备的修辞 / 94

如何提出一个好问题 / 98

金句让演讲闪闪发光 / 101

如何取演讲标题 / 105

第四部分：**演讲的进阶技巧** / 109

身体语言的三个方面 / 110

演讲声音的三个层次 / 114

如何长时间演讲不累嗓子 / 119

如何控制演讲中的赘语 / 120

即兴演讲的两大方法 / 122

用"坏蛋"和"英雄"吸引听众 / 125

演讲中的互动技巧 / 127

幽默演讲的四种思维 / 131

演讲辅助工具的使用 / 134

演讲PPT的注意事项 / 138

演讲时要注意的礼仪 / 142

如何应对演讲中的意外事件 / 144

第五部分：演讲的应用场景 / 149

自我介绍：2W2G，陌生场合快速破冰 / 150

演讲比赛：掌握比赛演讲的两个方法 / 152

工作汇报：理解四个要素，助你升职加薪 / 156

活动主持：主持人的两种境界、三个步骤 / 160

竞聘演讲：三部曲，彰显能力和优势 / 162

培训讲课：走上讲台，发挥你的影响力 / 165

强效劝说：五步法，打动客户更有力 / 171

激励团队：用好三招，点燃团队成员 / 175

聚会致辞：记住三个字，聚会发言难不倒 / 179

回答提问：万能回答公式，提交漂亮答卷 / 182

讨论问题：问元芳，解决问题有思路 / 185

点评反馈：三明治反馈法，让沟通更畅通 / 187

项目路演：讲好商业故事，获得创业融资 / 189

怎样发表一场TED式演讲 / 191

第六部分：学员的成长故事 / 197

演讲改变人生 / 198

演讲，你可能真的学不会 / 200

曾因演讲失败失去offer，现在我是演讲比赛季军 / 204

学习演讲两个月，我的脸皮厚度超过了80%的人 / 207

从怯场退缩到演讲自信，我经历了2+21+3 / 209

演讲高手是怎样炼成的 / 211

我和女儿一起学演讲，成就了良好的亲子关系 / 213

爱上演讲，从加入一个演讲共同体开始 / 215

上台是成长的必经之路 / 218

学习演讲后，我加薪了 / 220

演讲是个人影响力的超级杠杆 / 222

演讲让我遇见更好的自己 / 226

第一部分：
演讲常见的问题

▶ 我特别害怕演讲，还有救吗

我在做演讲培训的过程中，听很多人说过类似的困惑：老师，我私下和别人交流很正常，甚至口才很好，但是一旦上台对着几十个人演讲，就紧张得不行，有过几次尴尬的经历后，我再也不敢演讲了，请问我还有救吗？

这时我会微微一笑，对这些人说：没关系的！其他人演讲也紧张，只是你没看出来而已，不信你问问他们。

马克·吐温说：世界上只有两种演讲者，一种是紧张的，另一种是假装不紧张的。

为什么几乎每个人演讲时都会紧张呢？进化心理学的研究或许能解释这一现象。原始社会里，一个人遇到一群陌生人，通常会紧张，因为在严酷的生存环境中，这种情况意味着凶多吉少，要么战斗，要么逃跑。经过一代代自然选择，优胜劣汰，在陌生人面前会紧张的人生存了下来，不紧张的人逐渐被淘汰。于是现代人都是在陌生人面前会紧张的人的后代。

所以，你很正常！如今在陌生人面前演讲，虽然我们没有任何危险，但是铭刻在人类基因中的警惕和恐惧依然存在，所以一旦上台，本能的紧张就会出现。

关于基因的强大作用，另一个例子是：你看到动物园笼子里的蛇，或者仅仅看到蛇的图片，即便毫无威胁，但是你心里还是会感到不适。因为蛇是人类进化史上最危险的动物之一，对蛇的恐惧已经深深地刻在了人的基因中，这能帮助人类更好地避开危险。

于是结论来了：演讲紧张是基因在起作用，这是与生俱来的正常现象。你可能会有另一个疑问：为什么台上的领导讲话、演说家演讲、培训师讲课时，他们看起来不紧张呢？因为他们讲多了，积累了足够的经验，练就了一定的心理素质。这些人最初演讲时，也会害怕，也会怯场，只是你不知道而已。

李笑来在他的著作《把时间当作朋友》中有一段精彩的自白，很好地说明了这个问题：

有一个很多人不相信的情况是，我有严重的"课前恐惧症"。每次上课前5分钟，各种症状并发：手心发痒、头皮发麻、眼皮狂跳（有时候左眼，有时候右眼，有时候两只眼）、后背开始冒冷汗（冬天也一样）……我通常要到开始讲课5分钟之后才能彻底摆脱这种恐惧状态。自我2001年第一次上台演讲到现在，从没有一点改善的迹象，只不过我已经比较习惯它了。

我并不能克服恐惧，而是仅仅做到了习惯恐惧。然而，就算是这种退而求其次的"习惯恐惧"，都需要努力和挣扎。努力的方法，就是在课前做很多很多的准备工作。我甚至为此多多少少有了一些强迫症状——准备的内容必须多到实际讲课内容的两倍以上才能踏实。不过，这样的恐惧倒成了动力，它使得我的很多课程和讲演都最终有了多个版本。我还会再把这些版本各自演练很多次。这样的准备使我一旦进入状态，就肯定无所畏惧。因为知道了结果，我也就可以做到在开始的时候任凭恐惧陪伴。

我父亲的一句话帮了我。他说："相信我，你并不孤独。"我之所以认为自己可以想出办法解决对演讲的恐惧，就是因为我知道很多人都害怕当众演讲。有些人甚至把"害怕当众演讲"与"害怕死亡"相提并论。害怕死亡的理由自然不必说，而害怕当众演说的原因，人们却未必真的了解。其实很简单——准备不足，所以害怕。

我作为一个演讲教练、演讲培训师，演讲、讲课前也会紧张，只是经过成百上千次实践后，我已经习惯了紧张，甚至已经忘记了紧张这件事。

如果你真的极度害怕演讲，甚至有演讲恐惧症，建议你循序渐进地练习，克服紧张。初期在小范围内、熟悉的人面前演讲，讲简单的、自己熟悉的主题，取得一定进步后，再逐步扩大观众范围、增加演讲难度。

我自己是这么过来的，服务过的众多学员也是这么过来的，相信你也可以。

▶ 普通话不标准、没有文采，我能演讲吗

经常有人向我提出以下问题：

老师，我普通话不标准、有口音，这样演讲，别人会不会取笑我呢？

老师，我写不出演讲稿，好不容易憋出来的文字，一点儿文采都没有。

我一上台就脸红、心跳加快，简直丢死人了。

我讲话语速太快，自己又控制不住。

……

这些问题背后的潜台词是：我还能演讲吗？我能学会演讲吗？别人会听我演讲吗？

所谓不破不立，下面我们就来一一破解这些问题。

问：普通话不标准，我能做好演讲吗？

只要别人能听懂，不会造成歧义、误解，即便普通话不标准，也能演讲，甚至会成为个人特色，让别人对你印象深刻。

我们不是播音员，也不是参加朗诵节目，而是演讲，听众在意的是你带来有价值的内容，而不是你的普通话是否标准、讲话是否有口音。

很多领袖普通话也不标准，带有地方口音，但这不影响他们成为优秀的领导者，发表见解，传播思想，激励士气。

所以，普通话不标准的朋友，一方面，可以练习普通话发音，另一方面，大胆演讲吧，丢掉偶像包袱，不必追求完美。

问：没有文采，我的演讲能出彩吗？

演讲是口头语言，不像写作是书面语言。书面语言有文采是好事，读起来赏心悦目，但是口头语言是讲给别人听的，通俗易懂最重要，文采不重要，甚至可

以忽略。

试想，假如一个人的演讲文绉绉的，满口之乎者也，到处是华丽的辞藻，这样的演讲你喜欢听吗？想必大多数人不喜欢，我们还是更喜欢听马云讲创业故事、听乔布斯讲苹果的创新科技，以及各类电视节目里普通人讲的成长经历、奋斗故事，脱口秀演员讲的爆笑段子。

所以，演讲者可以没文采，但是要会讲故事、举例子，也就是语言要通俗易懂。只要会讲故事，一个文化程度不高的人也能做出精彩的演讲。湖南电视台举办的一期"农民故事会"节目中，一位农村老太太发表了一个脱口秀级别的演讲《我是一个幸福的农民》，她把女儿带自己出国旅行的经历讲得绘声绘色，给现场观众带来了欢乐，演讲视频也在网上爆红。

问：我一上台就紧张得不行，能演讲好吗？

只要能把内容讲清楚、讲完整，演讲紧张就不是什么问题。过度紧张是有害的，但适度紧张往往有利于演讲表现，让演讲者看起来更热情、更接地气。

无论你的紧张是表现为脸红心跳、手心冒汗，还是声音发抖、双腿哆嗦，无论你的紧张能否被观众看出，请记住一点：你的目标不是不紧张，而是传递有价值的思想，只要能让听众理解你的内容，演讲就是及格的，至于是否紧张，这个问题不重要。

如果你因为过度紧张而语无伦次，导致内容讲不清楚，那确实是个问题。控制好演讲紧张的唯一办法就是多讲多练，通过反复实践，锻炼当众讲话的心理素质，积累经验和自信。

问：我演讲时语速就会加快，控制不住，这样能行吗？

很多人演讲紧张时，会不由自主地加快语速，希望尽快讲完、结束，这种心理可以理解。还有一些人不紧张，但是语速本身就比较快，自己还控制不住。

无论哪种情况，对于语速快的演讲者，我的建议是：如果语速快到别人听不清楚你的主要内容，那就必须要放慢，否则将无法和别人有效沟通。而只要听众能清楚地理解你的演讲内容，语速快就不是什么问题，反而可能会成为你的个人特色，听起来干脆利落、非常自信。但是要注意一点：必须有适当的停顿，给听众理解和消化的时间，不能语速飞快地讲个不停，讲的人很累，听的人也很累。

如果你不确定听众能否跟上你的节奏，建议你听一下自己的演讲录音，从旁观者的角度判断一下，这个语速是否过快，听众能不能理解你的意思。

问：我的学历很低，登台演讲会不会被人嘲笑？

只要你的演讲能给听众带来一定价值，不管什么学历，不管什么背景，人人都能演讲。

三人行，必有我师。每个人都有自己独特的经历、擅长的领域。如果你的故事能给他人带来启发，专业领域的分享能给他人带来知识，你的演讲就是有价值的。

北京市怀柔区的深山里有一所九渡河小学。2020年1月，新校长于海龙上任后，在周边山村招募村民做辅导老师，这些老师教学生什么呢？有剪纸、做豆腐、做灯笼、养蜜蜂、养鱼、养蚕、榨油等技术，让学生在学习这些生活技能的同时，把课本上的语文、数学、科学等知识融入进去，一举多得，皆大欢喜。这些村民从来没想过，自己有一天可以做老师去讲课，让学生受益良多。

所以，再也不要以学历低作为不敢演讲的理由，如果真有听众嘲笑演讲者学历低，这样的人本身层次就不高，不值得你重视，尽管讲你的就行了。

◈ 嘴巴不利索、口才不好怎么办

演讲能体现一个人的综合素质，因为做好一次演讲，至少需要以下三种能力：

（1）思维能力：记忆力，理解能力，逻辑思考，反应能力等。

（2）心理素质：面对众人，大方自信地展示自我。

（3）口头表达：即使不能伶牙俐齿，至少也要口齿清晰、表达连贯。

有些朋友说自己演讲时嘴巴不利索，甚至会结巴，或者口齿不清晰，语速慢不下来。背后的原因可能有三种：

（1）思维能力跟不上，没有想清楚，当然就讲不出来。

（2）心理上紧张，不自信，缺乏当众演讲的经验，即便思维清晰，也讲不好。

（3）发声肌肉僵硬，也就是嘴巴不利索。

只有找准了原因，才能针对性训练，达到想要的效果。那么怎样判断自己属于哪种原因呢？

第一种原因——思维层面：

如果你在平时的交流中，思维清晰，重点明确，沟通效率高，那么第一种原因可以排除。反之，如果平时别人就反映你讲话啰唆、缺乏逻辑，那么你要重点训练自己的思维能力，可以学习金字塔原理、结构化思考、批判性思维等知识，并加以练习。

第二种原因——心理层面：

如果你一上台演讲，就紧张得不行，导致大脑一片空白，台下准备好的内容忘得一干二净，于是嘴巴哆哆嗦嗦、结结巴巴。那么你要多给自己创造演讲的机会，丢脸丢多了，脸皮就会变厚，心理上会更强大。你就能把准备好的内容讲下来，甚至能一边思考、一边演讲，也就是即兴发言。

当有人问萧伯纳是如何获得当众讲话的经验时，他说："我借鉴了溜冰的方法，我会固执地让自己一个劲儿地出丑，直到学会。"据说，萧伯纳在年轻的时候是伦敦最胆小的人之一，当他去找人时，常常在走廊上徘徊 20 分钟或更长的时间，才敢鼓起勇气敲门。后来，萧伯纳无意中使用了演讲的方法，最终克服了羞怯、胆小和恐惧的弱点。

第三种原因——发声层面：

如果你思路清晰，也不紧张，但是嘴巴就像灌了铅一样说不出话，舌头不受控制，有些字眼说不清楚、甚至说不出来，那你需要训练自己的发声肌肉了。

我自己曾经深受这个问题的困扰，在培训中也见过几个有类似问题的学员，通常是男生，讲话结巴、不连贯，讲某些音节时很费力。

背后可能有遗传基因的原因，这个我们改变不了。但是我们能做的是像相声演员、戏剧演员那样坚持练功，每天专门花 10～20 分钟时间练习发声肌肉，比如：读绕口令、做口部操，能让口齿更灵活，朗读能培养语言的韵律和节奏，锻炼横膈膜能帮助我们用腹部发力、控制气息，从而讲话不累。

亲身实践后，我发现坚持练声的效果非常好，如今我算不上伶牙俐齿，但是做好演讲和培训已经得心应手。

嘴巴不利索的人，可能同时有以上两种或三种原因，你需要仔细分析，然后针对性训练。

做好演讲不容易，但是一旦突破，也会很有成就感，自信心倍增。

愿你我共勉！一起加油！

◤ 一次演讲失败后，再也不敢上台

生命中那些尴尬、失败、痛苦的经历，让我们印象深刻，难以忘怀。很多人都经历过演讲失败的场面，可能是小学时参加演讲比赛忘词，可能是大学时竞选学生干部失利，也可能是工作后述职汇报语无伦次。从此对当众讲话留下了心理阴影，一到需要公开演讲时就推脱、逃避，别人以为你很谦虚，其实你是不敢上台。

我分享一个自己的故事，或许能给你带来启发。

作为演讲培训师，最尴尬的经历莫过于一次失败的演讲。2019 年年底，我参加演讲俱乐部的活动，那天我发表 7 分钟的有备演讲，目标是练习幽默故事。我的标题是《渣男成长记》，内容是自己从小到大和一些女生的故事，并提前写了演讲稿。

按照以往的惯例，即便不出彩，我讲到中等水平应该很容易。可事情偏偏有意外，那天我是几个演讲人中表现最差的，也让现场观众大跌眼镜，让自己痛苦不堪。

现在想来，原因可能有：

第一，我的演讲目标是练习幽默故事，平时抖点儿小机灵或许可以，但是要专门幽默，讲脱口秀，对我来说，很难！

第二，那天我是 4 个有备演讲中的最后一位，前面 3 位的演讲表现出奇得好，连我这个老会员都赞叹不已。作为演讲俱乐部的创会主席，无形中我的压力就增加了。

第三，台下观众里有我演讲培训班的学员，也有俱乐部导师制度下我对接的徒弟，他们很期待我的演讲。按照我平时分享的紧张公式：演讲紧张 = 期望 / 准备，我对自己的期望值也提高了，所以紧张和压力陡增。

第四，偏不凑巧的是，那几天我的状态处于低落期，连续一周以上没有演讲、没有讲课，所以当众讲话的感觉和自信一时找不回来。

就这样，我忐忑上台后，开头几句话说完，心想坏了，有些词和表演根本就没发挥出来，别说幽默了，连故事都讲不好。看着台下热切的观众，我越来越难受，心中阵阵发慌，最终在大脑发热中匆匆讲完。

回到座位上，整个人都不好了，我是那种演讲完以后几分钟会反复回忆自己刚才演讲过程的人，脑子里全是尴尬的台词、失望的表情、心慌的表现。

当天晚上到家后，浑身空落落的，躺在床上，大脑不受控制地一遍遍回忆自己演讲时的细节，整整一夜都这样，一直到天亮。我对自己太失望了，希望镇定下来不去想，但是控制不住大脑。

这次糟糕的表现，导致我后来一段时间很害怕演讲，一个教演讲的培训师居然害怕演讲，真是非常可笑。但人生还要继续，我知道此时自己需要的是：通过完成几次容易的演讲，重新找回自信和感觉。

于是接下来的时间，我在俱乐部承诺每周都要发表一次有备演讲，后来的几个月我真做到了，即便疫情期间，我也在线上发表了演讲。

这次失败的演讲经历对我的影响至今都在，我亲身体会到演讲口才真的和其他技能（比如开车）一样，许久不练和天天练，两者的感觉有天壤之别。

作为演讲培训师、演讲教练，演讲是我谋生立命的技能，所以需要天天练、时时练，这样才能保持相对最好的状态，带给别人专业的职业形象。

所以后来我给自己定下一个规则：如果当天没有在外面演讲或讲课，那么晚上要在家人面前发表一次演讲，把当天读过的书或思考感悟讲出来。这个练习对我帮助很大，自此很长一段时间，我时刻保持着演讲自信的状态。

这就是一次失败的演讲给我带来的改变，真的验证了那句话：很多坏事到后来会变成好事，如果还没有，可能是因为时间还不够长。

演讲失败本身不可怕，可怕的是我们对它的错误认识：以为自己再也不会有上台的自信了，以为观众会嘲笑自己一辈子，以为永远不可挽回了。

其实你理性想想就知道了：一次失败决定不了什么，如果你始终深陷其中，不可自拔，那才是彻底的失败；如果你能直面失败，吸取教训，敢于挑战，那么失败就会给你带来前行的力量，一次演讲事故就会变成值得回味的人生故事。

演讲需要练多久才能学会

演讲是一个技能，而技能是练出来的，那么练多久才能学会演讲、获得演讲自信呢？

引申到其他领域，我们锻炼领导力、开车、做菜、游泳、玩轮滑等，多长时间能学会并获得自信？

这个问题很重要，因为自信比黄金还宝贵，自信是一个人幸福和成功的基石。

浙江大学胡海岚教授开展的一项实验或许能给我们带来启发：

老鼠群体内部是分等级的，按照强弱逐个排序。胡教授的实验是让两只老鼠从一根狭窄的管子两头往中间钻，这根管子只能容下一只老鼠通过，所以当两只老鼠相遇的时候，"狭路相逢勇者胜"，等级地位低的老鼠，会主动后退或者被等级地位高的老鼠推出管子。

研究者发现，当老鼠在推挤过程中，大脑前额叶皮层的神经细胞显著活跃，说明这个区域体现了老鼠的"勇气和信心"。研究者选择一只等级地位低的老鼠B，刺激它的大脑前额叶皮层，结果B"勇气大增"，把原来比它等级地位高的老鼠A推出了管子。

但是当研究者不再刺激B的大脑前额叶皮层时，它又"怂"了，逐步退回到原来的等级地位。神奇的是，研究者重复刺激一只老鼠的大脑，帮助它连续赢6次以上，它就不再需要外界刺激，自己就能一路逆袭，在钻管子竞争中成为等级地位最高的老鼠，并且在其他方面竞争时继续保持强者地位。

研究者发现：重复的胜利，增加了丘脑到前额叶皮层这个环路的连接强度。也就是说，重复胜利让老鼠的大脑发生了彻底改变，拥有了强大的"自信"。

胡海岚团队证实了"胜利者效应"背后的神经学机制，表明它真的让大脑发生了长久持续的改变，而并不只是自我安慰而已。

胡海岚教授说："通过在相对简单的比赛中获得成功经历，将有助于重塑相关的脑环路（通常所说的增强自信心），从而提高在更困难比赛中获胜的可能。归功于大脑的可塑性，先天的弱势也有可能被逆转。"

这个实验给我的启发非常大，可以说是"脑洞大开"。自信从哪里来？从成功的经历和经验中来。需要多少次成功经历才能产生信心？至少需要 6 次，这个数字来自胡海岚教授的实验，推广到其他领域不一定合适，但依然是一个有价值的参考。

每个人小时候学骑自行车，最初都会非常害怕，但是成功骑行 6 次以上，就会产生一点儿信心，甚至开始享受骑车。成年人考上驾照后，刚开始开车小心翼翼，紧张万分，等成功开车上路 6 次以上，也许就能获得一点儿开车的信心。

做其他事情同理，比如游泳、打球、打游戏、演讲、讲课、写作等。我们的大脑需要多次胜利带来的刺激，相关的神经回路才能构建成功，从而习得一项技能，获得自信。

所以，你如果问我：演讲需要练多久才能学会？

我的回答是：你需要经历至少 6 次成功的演讲，时间跨度不要太大，尽量在半年内完成，也就是每个月至少 1 次。

事实上，这些年我在开设演讲训练营时，也确实验证了这个规律，一个小白学员系统学习演讲的方法后，在 3～6 个月内，认真完成五六次有备演讲，就能控制好演讲紧张，甚至开始享受舞台，因为他已经能熟练运用演讲技巧，达到七八十分的演讲水平。

◢ 私下如何练习演讲口才

收到好几位朋友的询问，说自己没有时间、没有条件参加演讲课或演讲活动，一个人在家怎样锻炼演讲能力？

首先，必须告诉你的是，要培养出演讲的自信和经验，必须到真实的人群面前锻炼。因为演讲从来都不是一个人的事，而是演讲人和观众一起完成的。所以，想学好演讲迟早要上台，就像学游泳迟早要下水。

但是限于各种条件，必须要独自私下练习，也不是不行，虽然练不出当众演讲的经验，但是可以培养感觉，锻炼口齿和思维的灵活性。

可以尝试以下六种方法：

1. 绕口令

绕口令绝对是锻炼伶牙俐齿的好方法，我们的身体神奇的地方就在于：练习哪里，就会提高哪里，就像练肌肉一样。

扫码查看更多绕口令

比如你可以试试一个经典的绕口令：八百标兵奔北坡，炮兵并排北边跑。炮兵怕把标兵碰，标兵怕碰炮兵炮。

练绕口令时，最初不要追求速度快，而要保证每个字都说清楚，整体连贯，到一定程度后再追求说得又快又好。

2. 朗读

朗读可以帮助我们丰富词汇量，培养讲话的情感和韵味，同时还能兼顾练习发声，一举多得。朗读内容推荐诗歌和散文，比如李羡林、朱自清、徐志摩、汪国真的作品等。

3. 正反辩论

口才好的一个体现就是思辨能力很强，能够说服对方。你可以针对某个观点从正反两方面思考，整理相关理由和事例，然后讲出来。比如"奇葩说"的辩

13

题——"键盘侠是不是真的侠"，也可以从自己的工作和生活角度选一些话题，说得好不好是其次，主要锻炼思考和表达能力。

4. 即兴演讲

从书上随机挑选一句话或一个词，围绕它展开即兴演讲，比如你选择了"快乐"一词，你可以讲：你认为什么是快乐，自己的快乐经历，怎样变得快乐等。

难度升级的即兴演讲练习：随机选择 3 个词，发表即兴演讲，要求演讲中要用到这三个词，并且整个演讲能自圆其说。比如你从书上随机选择了三个词：外星人、绿萝、兴高采烈，简单构思后讲出一段话。后面你可以根据自己的情况增加难度，比如规定时间范围、增加词的数量，这个练习能提升我们的语言组织能力。

5. 讲解一本书或一部电影

看完一本书或影视剧后，我们会有很多想法，试着讲出来，也是一种很好的输出，帮助我们梳理思绪，锻炼口头表达。

这个练习还有一个好处，就是能让我们更好地学习知识和道理。很多人说自己看完书什么都记不住，那是因为没有进行总结和反思，向别人讲解一本书，就是在倒逼自己总结和反思书中的精华内容。

6. 观摩学习名人的演讲

观看名人的演讲视频，找到对应的演讲稿，然后模仿名人的技巧讲出来。模仿他们的节奏、语气、手势等，模仿多了你就会形成自己独特的风格。我喜欢的演讲人有俞敏洪、马云、乔布斯、罗振宇、杨澜等，供大家参考。

私下练习演讲口才的方法还有很多，以上只是抛砖引玉，你可以设计一些自己喜欢的方法，培养伶牙俐齿和演讲的感觉。

最重要的是，有条件一定要和真实的人谈话，在真实的人群面前演讲。

▷ 上台不知道说什么，缺乏内容

很多伙伴跟我说：想练演讲，但是不知道讲什么内容，你能不能给一些参考主题？

我回想起自己在演讲俱乐部的学习之路，每年都要练习 20 个左右演讲。其实我初期准备时，也是绞尽脑汁，讲完自己的主要经历、对普通人有用的专业知识后，感觉自己实在没什么可讲了，但是现在可讲的话题实在太多，原因无非是总结反思和持续输入。

第一，总结过去。

每个人都有切实的人生体验，把这些经历讲出来，就会给听众以共鸣、启发或新奇感，总之不要觉得自己的故事太普通，不值一提，其实普通人的故事才能引起最广泛的感同身受。大人物、大道理之类的，人们从书本和影视剧中已经接触得太多了。

我在俱乐部发表过的演讲主题有个人困惑、成长感悟、兴趣爱好、跑步运动、旅行体验等，我们可以建立自己的个人故事素材库，总结反思过去的人生，同时提炼演讲话题。

表 1-1、1-2 是我近几年做过的部分演讲：

表1-1　《高效教练》演讲统计

演讲时间	演讲题目	演讲目标
2018.12.11	我是 spiderman	初试啼声
2018.12.13	人的三种认知模式	评估与反馈
2019.1.2	怎样有效地刻意练习	研究与展示
2019.2.19	职场上你是哪一种动物	了解你的领导风格
2019.6.4	从苛刻到宽容	了解你的沟通风格

续表

演讲时间	演讲题目	演讲目标
2019.7.2	我的两位导师	介绍导师计划
2019.8.13	无领导小组讨论的参与策略	达成共识
2019.9.24	头马助力人生发展	/
2019.11.19	渣男成长记	了解幽默感
2019.12.24	技能变现三部曲	抑扬顿挫
2020.1.18	10 分钟速成演讲稿	积极教练下的成长
2020.2.4	在线授课小复盘	在线会议管理
2020.3.5	价值百万的学习秘诀——"行动起来"读书会	高效领导力
2020.3.10	沟通高手惯用的三种提问法	为职业演讲做好准备
2020.3.24	自组织的三个系统	高效领导力
2020.3.31	"三过"成长法——《高效教练》学习总结	反思你的学习路径

表1-2　《说服影响力》演讲统计

演讲时间	演讲题目	演讲目标
2020.4.7	我的理想生活	初试啼声
2020.4.14	营销文案四象限	评估与反馈
2020.4.21	穷小子如何逆袭？富兰克林的四个启示	评估与反馈
2020.4.28	新媒体写作技巧	研究与展示
2020.5.26	三项互动，提升领导力	领导风格
2020.6.2	怎样常遇贵人	导师计划
2020.6.9	价值百万的问题解决法	解决冲突
2020.6.17	卖苹果	故事产生共鸣
2020.6.23	至暗时刻	故事产生共鸣
2020.7.7	区分事实和观点	身体语言
2020.7.28	什么决定命运	抑扬顿挫
2020.8.11	这样坚持更 easy	激励听众

续表

演讲时间	演讲题目	演讲目标
2020.9.1	找亮点也是一种解决方案	抑扬顿挫
2020.9.8	三步一塔来讲课，你可以做讲师	问答环节
2020.11.3	你有你的计划，世界另有计划	在困境中领导
2021.3.9	怎样高效组织一场活动	高效领导力
2021.3.28	记一次失败的演讲	/
2021.4.13	最近一年的学习收获	成长反思

人每天会迸发出很多念头和灵感，稍纵即逝，当你有一个值得思考或分享的主题时，请立即记在手机上，以防忘记。最近爱人无意间提到了老鼠，我就回想起小时候和上大学时抓老鼠的有趣往事，如果不去回味，这些事真的就搁浅在记忆深处了。

所以，我们不是没有故事，而是缺少反思和总结。

第二，规划输入。

演讲是输出，输出的前提是要有输入和加工，输入的来源无非三种：

（1）读书，从书本中学习系统的知识。

（2）碎片化学习，比如手机阅读、听微课、看纪录片等。

（3）积累经验，包括生活阅历、与人交流、拜师学艺等。

当我们缺乏演讲话题时，是否可以从以上三方面反思：我最近有没有读什么好书？读书后有没有反思总结？我最近有没有获取新的信息和认知？最近有没有和优秀的人交流？最近有没有去什么地方旅行、用脚步丈量世界？

先给自己制定输出的目标，比如每月发表两次演讲，这会倒逼你去观察思考、丰富阅历，所谓肚里有一桶水，才能倒出一杯水，输出倒逼输入，到最后你会发现自己有取之不尽的话题可讲。

演讲是一种充盈的成长方式，往前倒逼我们反思过去，往后倒逼我们丰富阅历。

趁年华正好，演讲吧！

▷ 演讲稿写不出来怎么办

很多人演讲前写稿很痛苦，憋了半天也写不出来，即使写出来了自己也不满意。

其实十分钟就能快速完成一篇质量还不错的演讲稿，你相信吗？给你讲一个真实的案例。

2018年年底，一位学员找到我，让我给她辅导演讲，她是某基金会的秘书长，要在基金会的年会上做一次演讲。她很重视这件事，如临大敌，如履薄冰，认认真真写了一篇演讲稿给我看："李老师，我好怕啊，你帮我看看。"我看了一遍稿子，态度很认真，但是内容全是一些感谢各级领导之类的空话、套话，还有今年基金会干了什么事情之类的流水账。我说："这样的演讲稿你自己喜欢吗？"她说："不喜欢，但我也不知道怎么办。"

我说："你别担心，我辅导过几百人，发现任何人都能演讲。首先，你这样的演讲是书面报告或者说教，没几个人喜欢听，你要讲故事、举例子，比如这一年来难忘的人、事情、具体过程和结果，故事的最后提炼升华一下。这样既接地气、体现人情味，别人也喜欢听。"

她说："李老师，没问题，我想感谢我们基金会的几位导师，他们真的是无私奉献，辅导大学生创业者。"我说："对啊，你把具体细节展开，当时他们是怎么做的，说了什么话，后来克服了什么困难，最终取得了什么成绩。"她说："好，这样的事例有很多，我现在把故事写下来，你帮我把把关。"我说："先别急着写，你先完整讲一遍，我听听，没关系，随便讲，想到什么就说什么。"

就这样，她开始在我面前演讲，此时我已经偷偷打开了手机上的录音机功能。她讲完后，我问她："你这次讲完有什么感觉？"她说："还不错，想不到自己可以脱稿讲这么久，我得赶紧写下来。"我说："别急，刚才给你录音了，把音频转成文字稿发给你，你修改一下就可以用了。"

一分钟后搞定，文字稿发给她，她当时就震惊了，原来还可以这样！看我的眼神都变了，"李老师，你真的太厉害了！""哈哈，主要是你讲得好。"然后我们一起润色、修改了一遍演讲文字稿，最终她在我面前又练习了两遍，全程下来不超过一个小时，她非常满意。

这就是快速完成演讲稿的秘诀：口头试讲，把录音转成文字，再进行修改。

要用好这个方法，需要注意以下三点：

（1）要讲具体的事情，通过故事、案例来表达你的观点。

（2）不要在意讲得好不好，讲下去最重要。你就假设现在到了那个真实的演讲现场，有感而发，讲着讲着，你会发现自己的嘴巴和大脑有神奇的魔力。

（3）给试讲录音，事后转成文字，进一步打磨。

今后，你的演讲稿如果憋不出来，或者对演讲稿不满意，就试试这个方法吧。这样输出的演讲稿既快速又高效，而且通俗易懂，适合口头表达。

三种人学不会演讲，你是其中一员吗

第一种是放不下脸面的人。

有一位演讲培训界的前辈说：演讲是一门心理课程。

这话有一定道理，有些朋友在成长过程中，由于一两次公开演讲出丑，从此留下了心理阴影，再也不敢演讲，甚至想想都发抖。我也有类似的经历。但如果一直这样作茧自缚，永远不可能蜕变成蝶。我们要向知名主持人窦文涛学习，他初中时公开演讲，在全校师生面前吓尿了（真的是尿裤子），但是他知耻后勇，从此反而放开了脸面，主动去演讲、主持、朗诵。他说：你今天丢的脸，早晚有一天会在更大的舞台上挣回来！

不敢在熟人面前丢脸，那在演讲学习班总可以尽情丢脸吧？大家都是来学演讲的，谁也不会嘲笑谁。但依然有一些学员即便花了钱、花了时间，还是不敢迈出第一步，在我的软磨硬泡和威逼利诱下，终于讲了一两次，然而又迅速缩了回去，逃跑到自己的"茧"中去了。

害怕、担心、紧张、恐惧，很正常，可以理解，一下子华丽蜕变也不可能。但可以慢慢改变呀，先站上台，哪怕不讲话，也能练胆。这样几次之后，慢慢说上一两句、三五句，然后说自己擅长的、喜欢的话题，讲上三五分钟。相信我，等你有五六次满意的演讲后，会积累起一定信心和感觉。

我一个朋友公司的企业文化是：不要怕，不要急，不要停，不要脸。这"四不"原则用在学习演讲上也非常合适。

第二种是只学不习的人。

"学习"两个字本来就包含两层含义：学和习，但是有一些朋友只是买各种演讲课程，看各种演讲视频和书籍，自己从来不练习，哪怕写一篇演讲稿，录一段演讲语音或视频，都不肯做，更别说在人群面前发表演讲了。

这就像学游泳，只是在岸上比画各种动作，却从来不下水，这样的人永远是

"旱鸭子"。又或者一个人买了一辆漂亮的自行车，只是推着走，却不敢骑上去，这样的人永远学不会骑车。

学习任何技能都要经历从不会到会、从会到熟练的过程，熟能生巧。可还是有不少人幻想自己不实践就能掌握一个技能，快速成为高手，怎么可能呢！

第三种是不肯持续练习的人。

演讲是一个技能，技能必须练习，不练就会生疏。就像健身练肌肉一样，要想长出肌肉，需要锻炼，肌肉长出来以后，要想保持，依然需要锻炼。

演讲口才如果对你很重要，那你就必须要持续练习、实战。否则即便你不是前两种人，也依然掌握不了演讲技能。

对于很多不靠演讲吃饭的人来说，我觉得演讲水平达到七八十分就够了，人生有太多的领域需要学习和精进，演讲只是其中一部分。七八十分的演讲水平是怎样的？我有一个主观的评判依据，就是发表一段 10 分钟左右的公开演讲，能做到：一是，控制好紧张，不影响正常发挥；二是，讲得清楚，别人听得明白；三是，有一定亮点，比如台风很好，声音很有味道，或者很幽默、会互动等。

做到七八十分，真的不难，专门花时间突击学习两到三个月，期间每天投入 1 小时左右，就能迅速达到这个水平，之后只要定期练练，比如每周有一两次公开讲话，就能保持下去。

爱默生说：所有伟大的演讲者都是从不会演讲开始的。

愿你避开以上三种情况，学会演讲，爱上演讲。

▶ 不会倾听也是一种演讲问题

演讲训练营的一位学员问过我一个问题：

请问想提高倾听能力，您有没有好的书或学习资料与方法推荐，谢谢！

你提高倾听能力的目的是什么呢？希望用在哪里？

提高自己的沟通能力，通过倾听更快地明白别人的观点。

主要是工作和生活中。

我现在的问题是发现，开会时或与别人聊天时，我抓不住别人说话的重点。

我的回答是这样的：

第一，自己的理解能力和结构化思维需要提升。

如果无论谁讲话，你都抓不住重点，那大概率是自己的原因。建议除了专注听别人讲话外，重点训练自己的总结概括、结构化思考能力：

（1）推荐阅读《金字塔原理》《结构思考力》等书籍。

（2）找一些自己喜欢的文章或讲话录音、视频，从中提炼表达者的重点，比如结论、要点，如果有参考答案，自己做完后，还可以对照一下。

当然，我们的演讲训练营也会讲授这方面的技巧，演讲要观点突出、要点分明，你在学习的时候，就能体会到里面的方法，从而在听别人讲话时分析其重点。

第二，别人讲话缺乏逻辑。

这就需要你自己提炼，或者通过提问的方式来引导对方说出来。

（1）提问。比如你问对方：所以你的结论是什么？你的目的是什么？你为什么要这样做？这些提问能引导对方说出重点。

（2）自己提炼。留心对方讲话的开头和结尾，高手讲话会结论先行，然后用事例来证明结论，结尾还会强调结论。

留意对方讲话过程中的连接词，比如第一、第二、第三或首先、其次、最后，这都是要点层次。

留意对方说话的转折点，比如：但是、不过，这说明他真正想表达的就是这部分。

所以，不会倾听也是一种演讲问题。一方面无法通过倾听抓住重点，说明自己的思维还不够清晰和高效，那么演讲就会出现重点不明、思路不清的情况。另一方面，演讲往往不是纯单向输出，而是需要和观众互动，如果别人的表达你无法快速理解，那么接下来的回应、发言往往文不对题，导致沟通效率降低。

演讲好的人倾听能力也不会差，因为他具备清晰的逻辑思维，能判断出对方的表达哪里是重点，哪里是转折，哪些地方没说清楚。

因此，听和讲是两种相辅相成的能力，会听能促进我们学会讲，会讲能帮助我们更高效地听。

我们演讲培训班的很多学员反映说，学习演讲后，在听其他人发言时，就能听出哪些人讲得好，哪些人讲得不好，以及为什么好，为什么不好。这就是外行看热闹，内行看门道。会演讲的人也是倾听方面的"内行"。

怎样成为演讲高手

怎样成为演讲高手？我总结了三字秘诀：

第一，练。

有人说：演讲是"学"不会的，而是练出来的。我很赞同这句话。你如果能做到每年做 100 场演讲，演讲能力一定会突飞猛进。

那些最初做过教师、后来从商的企业家，口才通常都很好，像马云、俞敏洪、郭广昌、冯仑等人。冯仑曾说："做生意的人都特别能说，而且你会发现，他们会就一件事情不停地说，说过之后，当着你的面还可以重新讲给别人听，一点儿心理障碍都没有，要没有心理障碍地反复地讲某一件事情，讲到最后连你自己都相信了，然后你才能让别人相信。我原来当过老师，老师就是在不停地讲一些重复的内容。"

所以，只要你能做到"练"这个字，后面的两个字你不用看，也能成为演讲高手。

第二，学。

只是普通人没有那么多练习的机会，或者说不敢去练，希望少走弯路，提高效率。那就需要第二个字——学。

学什么呢？学习演讲的方法、套路。雷军说："99% 的问题和困难别人都知道，你只要去问一下就行了，你不需要自己琢磨。"

同样，你在演讲方面的疑问、痛点，比如紧张、逻辑混乱、没有感染力等，这些都已经有成熟的方法可以参考，你只需要看看书、听听课，加上自己的练习，就能解决。

所以，"学"和"练"是可以相互促进的，学方法可以帮助我们更加高效地练习，勤练习能帮助我们发现问题进而主动去学习方法。

但是为什么很多人一学就会，一练就废呢？那是因为缺乏第三个秘诀。

第三，评。

学了，练了，演讲水平一定会逐渐提高，但如果想成为高手，突破自己，必须要有点评反馈，可以请别人给自己反馈，也可以自己给自己反馈。

自我反馈这个方法零成本，人人都可以做到，关键是效果还非常好。你可以给自己的演讲拍视频或录音，事后去看自己的表现，进行分析、反思，总结亮点和不足。我知道很多人抗拒看自己的视频，觉得是恶心的"恐怖片"，但是你如果想在演讲方面突破自我，就必须要迈过这个心坎。

只有以旁观者的角度观看自己的视频，听自己的声音，你才会发现很多细节问题，这些细节没有人会给你反馈，或者别人认为不是问题，所以如果你不看视频、不听录音，可能一辈子都意识不到自己的演讲问题，还谈何进一步突破呢？

世界上顶级的演讲教练就是这样辅导学员，我自己也是这么辅导的。在一对一的辅导中，首先和学员聊聊他的演讲主题和内容，然后请他在我面前讲一遍，全程录下来，再一起观看视频，一点一点分析、点评，就这么回事，没什么高深莫测。我的作用就在于能更敏锐地发现问题，给出解决办法。

这就是成为演讲高手的三个方法：练，学，评。

其实这三个字不仅可以用在演讲的学习上，其他领域的学习也可以参考练、学、评，比如学习写作、做短视频、直播、卖保险等，都要如此。

罗振宇说过一段话，我认为是对练、学、评三个字最好的诠释，他说：一个人想变得厉害，需要做到四点：

（1）有计划地学习新知识。可以是每天固定时间学习，也可以是每年换一个学习方向，不管有用没用。

（2）有固定输出的习惯。比如开一个微信公众号，不管粉丝涨不涨，有用还是没用。

（3）定期向比自己厉害的人请教，不管有用没用。

（4）复盘自己执行的每一个任务，搞清楚为什么成功或失败，不管任务大小。

所以爱学习、擅于学习的人一定会越来越厉害，因为他在持续输入、输出，并且反思总结，每隔几年就会进化成一个崭新的自己。

期待和你一起成长，也祝你越来越厉害！

第二部分:
演讲的精进心法

▶ 人人都需要演讲

汉语词典中对"演讲"一词的解释是：演讲又叫讲演或演说，是指在公众场合，以有声语言为主要手段，以体态语言为辅助手段，针对某个具体问题，鲜明、完整地发表自己的见解和主张，阐明事理或抒发情感，进行宣传鼓动的一种语言交际活动。

根据这个权威解释，有些人可能会认为演讲是那些演说家、大领导们的事，我是一个普通人，用不着演讲。其实这样的理解是片面的，我在演讲学习和教学过程中，更加认同一种说法，那就是人人都需要演讲。

我们这本书里，把"演讲"定义如下：

演讲是一对多的正式沟通。

演讲本质上是人与人之间的沟通，之所以区别于普通沟通、聊天，是因为演讲的场合通常比较正式，听众往往超过两个人。比如：求职面试、会议发言、工作汇报、竞聘演讲、公开分享、婚礼致辞等。

这个定义给我们的指导是：只要你处于比较正式的沟通场景，听众超过两个人，你的发言就可以视为演讲，从而进入演讲状态，运用演讲技巧，比如要讲重点、思路清楚、运用身体语言等。

演讲是有目标的谈话。

普通聊天很随意，天南海北侃大山，没有内容和时间的限制。但是演讲不同，它是有具体目标的，比如：给孩子讲明白一个道理，劝说客户购买你的产品，激励员工努力工作等。所以，有目标的谈话，也可以称之为演讲。

这个定义给我们的指导是：谈话前想想自己有没有目标、目标是什么，如果你的谈话有目标，那么无论何时何地、有多少听众，都可以视为演讲，进入演讲状态。演讲结束后，判断一下自己的目标是否达到，从而判断演讲的成败。

根据以上两种定义，你会发现，人人都会面临演讲，都需要演讲。因为每个人都会面临一对多的正式沟通，现实中经常需要进行有目标的谈话。

希望读到这篇文章的你，对演讲的认识不要仅仅停留在那种高大上的演讲节目或者名人的演讲。人生处处是舞台，需要我们这些"演员"去展示自己、绽放光芒。

我常在给读者的签名书上，写下这样两句话，今天也送给你：

祝你在人生舞台上，演出成功，讲出精彩！

▶ 演讲的意义不只是传递信息

英国"演讲之神"马丁·纽曼在辅导一位 CEO 演讲时问对方：你为什么要演讲？这位 CEO 召集来自全球的合作伙伴并发表演讲，原本只是为了介绍新产品的技术特点。在马丁的引导下，CEO 发现如果只是介绍产品技术将会多么枯燥，请这么多人聚集在同一时空，其实是为了面对面看到他们，让他们彼此也相互感知和认识，建立信任，促进下一步的合作。于是这位 CEO 摒弃了原来介绍产品技术的演讲稿，转而讲产品背后的人、团队、故事，这才是产品发布会的意义所在。

在大学里有些老师会对着 PPT 或书本照本宣科地讲课，我也见过很多人公开演讲时去读 PPT 上的大段文字，甚至还有人以为演讲就是背各种好词好句。请这些人想一想，你真的认为自己口头讲出来的效果，就比观众自己阅读文字的效果更好吗？

如果只是在观众面前读一遍文字稿，那就太浪费面对面沟通的时间和机会了。这就好像一群朋友聚餐，每个人只是默不作声地吃饭，这和各自在家里吃有什么区别呢？而且人们看文字的速度比听别人说话快多了，演讲者读一段文字还不到一半，观众可能就已经看完了整段话，而且还有时间揣摩和进一步理解。

亚马逊公司有一个会议制度，就是在开会前安排一段静默时间，请每一位参会人在现场阅读事先准备好的会议材料，而不是主讲人汇报，其他人听。静默时间结束后，大家再展开讨论，这就大大提高了沟通效率。

所以，演讲的意义不只是传递信息，更重要的是要通过你的精气神传递情感、力量、氛围，从而建立人与人之前的深度联结。

举几个例子：

一位跑步达人在观众面前分享跑步技巧，他着重强调了跑前的热身和跑后的拉伸，说明背后的原因和重要性，并且简单演示了几个动作。这就够了吗？显然不够，这和观众自己阅读相关的跑步文章、看相关的视频区别不大，现场演讲时要增加真实的故事，比如自己开始跑步时不注意跑后拉伸，结果导致受伤；还要安排观众现场演练热身和拉伸动作，这样的演讲效果才会更好，观众的体验和印象也会更加深刻。

用人单位在招聘时已经通过简历了解了求职者，为什么还要安排现场或视频面试？除了进一步深入沟通外，就是要通过求职者的状态和言行举止来判断是否匹配组织的需要。所以，求职者在表达时，一定要注意自己的形象、动作和声音，这些都是演讲的要素。

人们愿意付出不小的金钱和时间成本去现场参加乔布斯的产品发布会、TED演讲大会、罗振宇的跨年演讲，而不是在屏幕前免费观看，为什么？就是因为人们的目的不只是获取信息，还希望近距离感受演讲者的魅力、现场的氛围。

今后，在演讲前可以扪心自问一下：我这次演讲就只是为了传递信息吗？如果是，有没有其他更好、更合适的信息传递方式？如果一定要演讲，能否带给听众除了传递信息之外的东西？也许这些东西才是演讲更重要的意义。

▷ 演讲锻炼的不仅仅是口才

戴尔·卡耐基的《语言的突破》一书，可以说是演讲方面的经典教材，书中有一段话让我印象深刻：

当你发现自己能够控制听众的注意力，受到听众的赞赏，并赢得听众的掌声时，就会逐渐培养出一种内在的力量，增加自身的勇气和内心的沉静，有了这些感觉，你就会去尝试那些从未想过的事情，并且发现自己渴望在众人面前讲话，这样你往往会成为商业领域和其他领域的活跃者。

演讲，锻炼的不仅仅是口头表达能力。

身处变化越来越快的时代，很多人患上了学习焦虑症，也有越来越多的人开始学演讲，或者对演讲感兴趣。人们希望通过学习演讲，提升自己的当众表达能力，能够不怯场，能够轻松自如地把心中所想讲出来。

演讲的学习和训练，确实可以锻炼口才，但这只是表面收获，就像浮在水面的荷花只是一小部分，其背后还有丰富的枝条和根系，同样，演讲训练带来的好处不只是口才，还能帮助一个人提升思考和沟通能力，收获勇气和自信。

演讲，促使人更好地思考。

在众目睽睽之下讲话，人们会更加谨慎，不会像平时说话那么随意，在嘴巴说话的同时，大脑也在飞快地运转，从而训练了人的思维敏捷性。优秀的演讲者，思考一定是深入而又清楚的。

准备演讲的过程也是一个思考的过程，人们会对自己做过的事、看过的书、听过的道理，进行总结、反思、提炼，最终呈现给观众。

任何有价值的想法，一定能通过思考进行合理组织，最终通过演讲表达出来。只有想得清楚，才能讲得清楚。所以，讲得清楚的人，背后也一定想得清楚。

演讲，帮助人更好地沟通。

现实世界里人们的语言表达更多是沟通，而不是演讲。那么演讲和沟通有哪些相同点？

（1）都是口头语言表达。

（2）都有听众，且需要观察听众的反应。

（3）都需要传递信息。

演讲和沟通有哪些不同点？

（1）演讲通常是一对多，而沟通一般是一对一。

（2）演讲，除了讲，还强调"演"，这一点类似演员，需要通过身体动作和情感的表演来打动观众，而沟通则不需要如此卖力，只需自然对话即可。

（3）沟通对象通常只受讲话者一个人的影响，而演讲现场的观众除了受演讲者影响外，还受到其他观众的影响。当人们置身于集体时通常会不自觉融入集体氛围，这就是为什么人在葬礼上容易流泪，在明星演唱会现场容易激情疯狂的原因之一。

（4）沟通的双方需要你来我往，而演讲通常是演讲者一个人说话。

理解了演讲和沟通的异同，你就会明白演讲其实是一种特殊的沟通，是面向大众的沟通，是更加高难度的沟通。学会了面对大众进行演讲，可以帮助人们在日常生活中更好地进行沟通，因为演讲的技巧同样适用于日常沟通，比如要有明确的主题和目标、要展示自信真诚的身体语言、要会提问、要学会适当停顿、要有声音的变化、要观察听众的反应等。

善于沟通的人并不一定善于演讲，但善于演讲的人在沟通方面一般不会差。

演讲，帮助人收获勇气。

曾经有媒体做过调查：你最害怕的事情是什么？出人意料的是排在第一的不是死亡，而是公众演讲，可想而知人们对演讲惧怕到了什么程度。有人开玩笑说，葬礼上致悼词的人也许比躺在棺材里的人更难受。

既然演讲这么可怕，一旦学会了，那还有什么好怕的？这种通过演讲获得的勇气，不仅能让人敢于在公众面前表达自己，同时还会迁移到其他领域，让人敢于尝试自己曾经害怕的事情，从而获得新的突破和成长。

真正的勇士不畏惧做那些自己畏惧的事情。勇气，促使人敢于演讲；更多地练习演讲，帮助人收获更大的勇气。演讲训练，可以帮助一个怯懦的人变得大方，帮助一个胆小的人变得无畏。

我在高中时默默无闻，学习成绩也一般，每次班委竞选时，我都很想上台，但始终没有迈开脚步，因为我不敢当众讲话，怕自己说话结巴被人嘲笑，怕自己选不上丢人现眼。上大学后，我开始走出舒适区，竞选并担任班长，申请入党，做新生班级的助理班主任，这些场合都需要我当众讲话，开始还很害怕，但是讲多了以后，勇气逐渐增加。

演讲，帮助人提升自信。

最后一点，也是演讲带来的最大益处——自信。自信是一个人最宝贵的品质，它可以帮助我们度过丰盈的一生；反之，没有自信的人或许能过好这一生，但终究是平庸地度过，就像没有绽放的花苞、不会飞翔的蝴蝶，没有发挥出自己最大的潜能。

自信从哪里来？从成功的经验中获得，成功的经验从哪里获得？通过做一件件事情取得成就而获得。有的人从职场升职加薪中获得自信，有的人从厨房中做出美食获得自信，有的人从体育运动中获得自信，有的人从唱歌跳舞中获得自信……

而领导者从当众讲话中获得自信。大部分人不怕日常说话，却怕在众人面前演讲，因为害怕面对众人的目光，害怕自己思维混乱，害怕自己当众出丑。当一个人会演讲时，他敢于直视观众的眼睛，能在众目睽睽之下冷静地思考，能把大脑中的无数念头井井有条地组织起来，能协调全身的器官（大脑、眼睛、嘴巴、耳朵、肢体）在压力下运转自如，可想而知，这样的成功经历能带给人多么大的自信。

演讲的自信需要慢慢培养、积累，从自己一个人能讲好，到面对亲朋好友能讲好，再到面对陌生人能讲好，最后到面对重要的合作伙伴能讲好；从小舞台能讲好，到大舞台能讲好；从能讲好 1 分钟，到能讲好 5 分钟、10 分钟、半个小时、一个小时、两个小时。这个过程就像一棵幼苗，需要吸收丰富的营养，遭受风吹雨打，经历漫长的过程方能长成参天大树。

所以，演讲绝不仅仅只锻炼口才，它能提升一个人的综合素质，帮助我们成为更好的自己。

▷▷ 运用刻意练习的方法论提升演讲能力

小张参加工作两年，有件烦心事一直挥之不去，就是每个月参加部门例会，轮到他发言时就十分紧张，往往准备得很充分，但讲得结结巴巴，领导让他讲话不要"抖"，但是越掩饰，却越发明显，太痛苦了！

小张无意间看到一本书《刻意练习》，作者安德斯·艾利克森说，这个世界上没有天才，所有大师都是靠刻意练习成为高手的，甚至要训练1万个小时，才能成为顶级高手。无论是体育运动员、音乐领域的演奏者，还是医生的技术、职场人的各种技能，都可以参照刻意练习的方法不断精进。

于是小张按照书中的方法开始刻意练习演讲技能。书中提到刻意练习不是盲目训练，而是有科学的方法论。

第一个方法：导师。

《刻意练习》中提到，成年人学习一门技术，最快的方式就是找到这个领域杰出的导师，因为导师已经掌握了该领域系统的学习和提升方法。就像我们学开车，需要找一位驾校教练；健身练肌肉，需要找一位健身教练。

小张上网搜索学习演讲的地方，他找到了本地一家演讲培训机构——三维演说家。演讲课程正式开始后，每个人依次上台做自我介绍，轮到小张时，他感觉自己紧张得都快昏过去了，不知道自己说了什么，但是老师依然夸赞他很有勇气。

那一天他虽然只上台一次，但是也学到了不少演讲技巧，老师说演讲需要从三个维度去提升，分别是演讲内容、身体语言、声音。小张心想自己先把内容讲好，感觉找对了地方，以后一定要经常来练习。

《刻意练习》中还提到，如果身边没有导师，可以学习相关的书籍、课程，肯定比自己胡乱摸索效果好得多。本杰明·富兰克林当年自学写作，就是找了一本优秀的杂志，对照上面的专栏作者练习写作，最终成为一名家喻户晓的作家。

小张后来买了一些演讲方面的经典书籍，比如戴尔·卡耐基的《语言的突破》，收获很大。

第二个方法：目的。

刻意练习不是刻苦练习，不是简单的重复，而是要带着特定目的去练习。就像一个人磨洋工似的练钢琴一下午，不如专注地、带着目的练习半个小时。

小张心想，自己近期的目标就是控制紧张，多上台，至于讲得好不好先不管，课程老师也是这样鼓励他的。于是他带着这个目的连续去了四次，做自我介绍越来越流利，甚至讲起了自己家乡的故事。小张明显感觉到自己上台时心跳没那么快了。

再后来，在老师的指导下，他反复训练不同的演讲技巧，比如演讲结构、讲故事、手势运用、互动技巧等，每次都带着特定目的去训练，一段时间内专门练习一两种演讲技巧，他感觉自己在不断进步。三个月后，小张在部门例会上发言，一口气讲了 8 分钟，重点突出，思路流畅，领导终于向他投来了满意的目光。

第三个方法：反馈。

小张在演讲方面进步得这么快，离不开培训机构老师和其他同学的反馈、建议，比如老师手把手地教他忘词怎么处理，遇到忘词的地方他照做，果然听众没看出来，对整体演讲效果影响也不大。每次演讲完，老师都会在演讲内容、身体语言、声音等方面给予反馈，让他明白自己的优点和不足。小张感觉自己全身充满了能量，对人生多了一份掌控感。

刻意练习中，及时反馈是必不可少的一个环节。有时候自己辛苦训练半天可能没效果，但是导师或教练指导一句话，能让你茅塞顿开。世界上顶级的运动员也需要教练，教练竞技水平可能不如他，但是教练可以从旁观者的视角给予专业的建议。

假如练习时实在没人给你反馈怎么办？自己给自己反馈！本杰明·富兰克林学习写作，就是对照杂志上的专栏文章，找出自己的不足以及需要努力的方向，这就是自我反馈。你学习演讲，可以给自己录像或录音，之后回看视频、听录音，一定能发现不少问题，然后一一解决。

第四个方法：走出舒适区。

这是成为高手的必经之路。我们学习一门技术，感觉遇到了瓶颈再也无法进步时，说明你该走出舒适区了，比如提高难度、换一种训练方式、找水平更高的导师、登上更大的舞台。

普通司机只在城市道路上开车，但是职业赛车手要去各种艰难险途训练车技。围棋爱好者只是把下棋作为消遣，但是职业棋手要记住众多棋谱并且反复训练。普通人练演讲只是在家里练练朗诵或者对着镜子练习，但是演说家会参加各种演讲比赛，挑战更大的舞台。

小张在演讲俱乐部练习半年后，已经彻底摆脱了演讲恐惧，虽然还有些许紧张，但是可控，他在单位的部门例会上发言，已经能侃侃而谈了。年底老师建议他参加年度演讲比赛，他毫不犹豫报名了，后来虽然没有获奖，但是他看到了自己和高手的差距以及需要努力的方向，收获颇大。

学习演讲一年后，小张成为公司的兼职讲师，给新员工讲授专业基础知识，不仅能赚到几百块钱讲课费，更重要的是他越来越自信了，俨然已是公司的业务骨干，更辉煌的职业前景在等待着他。

这就是刻意练习的四个方法：导师、目的、反馈、走出舒适区，相信你遵循这四点，刻意练习一项技能，也能从小白成为高手。

成功没有捷径，唯有脚踏实地，但脚踏实地不是纯粹埋头苦干，而要讲究科学的方法。祝你也能成为某领域的高手！

▷ 演讲高手需要具备的四大武器

战士奔赴战场需要武器，演讲者走上舞台也需要武器，武器不全、装备不精，就会导致演讲者底气不足，降低演讲效果。

我总结了演讲高手需要具备的四大武器，你可以对照一下自己的"武器库"是否健全、给力。

第一大武器：内容。

内容是演讲存在的前提，如果没有好内容，那么演讲就不可能带给听众价值。

演讲内容包括两种：干货和故事。干货类内容给听众带来知识、方法，比如产品知识、健康讲座、减肥技巧等。故事类内容给听众带来有启发的观点、情绪能量，比如罗永浩的励志故事、塞翁失马的故事。

通过大量输入，我们才能积累起丰富的干货和故事。当你发现自己讲话深度不够，甚至没内容可讲时，要反思自己是不是缺少了输入，比如专业经历和钻研、阅读和旅行、和优秀的人交流等。读万卷书，行万里路，阅人无数，能帮助我们积累内容，让讲话更有内涵和高度。

一个人走过的路、看过的书，都写在他的脸上，同样也体现在他讲的话里。

第二大武器：思维。

有内容输入以后，还需要一个加工过程，才能有效输出（包括写和说），这个加工过程就是思维。

我在演讲培训中发现，有些人专业知识非常深厚，故事经历非常丰富，但是演讲依然不精彩，这背后多半是因为他的思维不够清晰，至少是缺乏演讲思维。如果一个演讲者没有想清楚，就不可能表达清楚。

表达思维方面，芭芭拉·明托的《金字塔原理》一书介绍得非常详细，比如高效的表达要有一个核心的结论，围绕结论给出 3～7 个论据。就像给朋友介绍对象，你可以说：（结论）这个男生和你挺般配的。（论据）因为，第一，他的形象不错，身高一米八，长得有点像刘德华；第二，他的性格很好，经常和朋友们出去打球、露营；第三，他的工作很稳定，现在是一家互联网公司的产品经理。你看，这样的表达就清晰、有力，但是大多数人没有这样的思维习惯，也就不会这样说。

当然，演讲思维有很多种，除了金字塔思维，还有分析听众、目的明确、故事、互动以及不同场合下的演讲框架等思维技巧，后文会详细介绍。总之只有思维清晰，才能表达给力。

第三大武器：口才。

这里说的口才就是口头表达能力，有的人具备丰富的思想、清晰的思维，也就是他有话说、也知道该怎么说，但说出来的效果不好，比如嘴巴不利索、口齿不清晰、动作不自然等，于是很羡慕那些伶牙俐齿、能说会道的人。

《刻意练习》中指出，没有人天生就是高手，都是经过后天努力练出来的。有些人好像没怎么练过，天生就有好口才，其实那是因为他具备相关的成长环境，比如，父母喜欢和亲友在家里聊天，于是他从小就受到了潜移默化的影响。这就像世人皆知莫扎特是音乐天才，却不知他的父亲也是一位专业的音乐家，从莫扎特出生起就给予了悉心的音乐指导和培养。

我们很羡慕专业的主持人，他们说话字正腔圆，声音动听有力，内容一气呵成。其实播音主持专业科班出身的人，要在大学里经过四年的专业学习，这还不算他们上大学之前接受的长期训练，总之人家的好口才也是练出来的。

众所周知，马云、俞敏洪的口才在企业家队伍中是出类拔萃的，两个人都是普通出身，都经过长期磨砺练就了三寸不烂之舌。马云年轻的时候在西湖边主动给外国人当导游，一方面锻炼英语，另一方面也锻炼了口才；上大学时担任学生会主席，毕业后做过多年的英语教师。俞敏洪最初去北大上学时连普通话都不会说，常常被人取笑，后来通过做老师、经营新东方，逐渐培养起好口才。

总之，想获得好口才，就要多说多练，私下可以练习绕口令、朗读等，同时要主动和别人交流，分享所见所闻、所思所想。

第四大武器：心理素质。

具备以上三大武器——内容、思维、口才，在普通聊天、交流时已经足够了，甚至可以侃侃而谈、魅力四射。但是在众人面前演讲，还需要具备第四个武器，那就是心理素质。

因为公开演讲，尤其是在重要的正式场合，面对领导、客户、大咖发言，是有很大压力的，如果缺少演讲的经历，那么在台上就会缺乏自信和经验，即使具备有价值的内容、清晰的思维、良好的口才，但还是会因为怯场、紧张导致演讲效果大打折扣。

很多人私下聊天很好，但是一到正式场合公开演讲就会出问题，这是因为缺乏公开演讲需要的心理素质。演讲的心理素质怎么来？只能靠多上台、多演讲，除此之外没有任何别的途径。

你第一次登台演讲会怯场、会害怕，第十次、第二十次演讲可能还是会怯场、会害怕，但是两者存在本质区别。因为经过反复练习，你已经体验了整个心理过程，理解了其中的规律，掌握了应对的措施，比如上台前一分钟、开场后一分钟会非常紧张。但是进入状态后就会好很多，你已经习惯了众人注视自己的目光，以及经过两三次忘词，你知道了其实这也没什么。

总之，通过练习可以获得公开演讲的心理素质，这就像一个人最初骑自行车时很害怕，最初开车时很紧张，但是时间久了就会有自信、更自如。

演讲的内容靠积累和沉淀，思维、口才靠学习和训练，心理素质只能靠实践。运用思维和口才，把内容讲出来，就会逐渐获得演讲的心理素质。

你的演讲武器库初期可能不精良、不给力，但是不能因为这个原因就不上台，就像战士不能因为武器不行就不上战场，我们需要在过程中逐步升级自己的装备，做中学、学中做，有朝一日一定会成为武器精良的演讲达人。

▶ 一场合格的演讲有哪些标准

假如你没有多少演讲经验，但是要面临一次重要的演讲，比如年终述职，内心很焦虑，担心自己演讲失败。

好消息是：一个人的综合演讲能力在短时间内难以得到质的飞跃，但是短时间内充分准备，做出一个合格、甚至出彩的演讲，是能实现的。就像一个不会游泳的人，短时间内难以成为游泳高手，但是经过短期训练，学会浮在水面甚至狗刨式游两下，不淹死，完全能实现。

那么怎样判断一场演讲是否合格？有三点考虑因素：

第一，控制好紧张情绪。

这是演讲合格的前提。公开演讲，几乎人人都会紧张，不管小白还是老手。

区别就在于小白会拼命地压制紧张情绪，告诉自己别紧张，最终反而会被紧张心理吞没，导致大脑空白、语无伦次；而老手会坦然接受紧张，他知道这是正常的心理现象，只要不被紧张情绪过度影响，和紧张情绪和平共处，就可以了。

所以，演讲前和演讲时你可以紧张，控制好它就没问题。怎样控制好紧张情绪？唯一的办法就是充分准备：提前写稿、做PPT，然后反复试讲、演练，直到烂熟于心、自己满意为止；演讲当天提前到场，熟悉场地、调试设备，熟悉观众，有条件的话还可以在现场彩排两遍。

第二，内容讲清楚。

不管演讲台风、趣味性、感染力如何，只要你的内容讲清楚了，这个演讲就是合格的。因为听众理解了你的想法、听懂了你的意思，这是演讲的基本要求。

内容讲清楚，看似简单，但是做起来并不容易。我见过太多高学历、高素质的学员演讲时，要么内容要点太多，让人抓不住重点；要么东拉西扯，离题万里；要么缺乏逻辑，让人费解。

那么怎样把内容讲清楚呢？最重要的就是：主题明确，思路清晰，要有事例。

比如常见的自我介绍，很多人是讲不清楚的，要么没话讲，随便说一点就结束，要么东一榔头西一棒槌，最终说了什么自己都不知道。其实完全可以介绍自己的三个标签，每一个都展开讲讲。

笔者拿自己的介绍举例：我是李朝杰，比李连杰更"潮"哈。我有三个标签，第一，培训师，主讲演讲课、工作汇报、结构化思维、TTT讲师培训；目前已经做了5年，培训服务过200多家企业、4000多位学员。第二，写作，我喜欢写作，因为写作是一种思考方式，也可以输出成果；我每天都会写一篇300字以上的文章，每年写20万字，目标是每三四年出一本书。第三，心理学，心理学是一门通用的工具，可以用于自我探索，也可以帮助育儿、人际沟通；我已经拿到了中科院心理研究所的心理咨询师证书，目前正在考心理学研究生，希望将来能成为一名心理咨询师。这就是我，李朝杰，一个喜欢写作和心理学的培训师，谢谢大家。

第三，有一定亮点。

以上两点做好，一次演讲就合格了，如果要进一步提升到七八十分的水平，还需要有一定亮点。

每个人的风格不同，你要发掘并培养自己的演讲亮点。比如：会讲故事、幽默风趣、互动氛围好、台风大气、声音好听、富有激情、发人深省等。

有一两个亮点，就能迅速提升演讲的层次。就像人们印象中乔布斯的淡定从容、马云的激情澎湃、杨澜的知性优雅、俞敏洪的励志和幽默、罗永浩的诙谐、罗振宇的稳重。

你不必和别人一模一样，只要有自己独特的亮点，就会给演讲加分。多讲多练，不断反思，最终形成自己的风格。

一场合格的演讲是怎样炼成的？你需要控制好紧张情绪，把内容讲清楚。从合格到出彩，还需要有一定亮点。

演讲的精进道路上没有电梯，只有一步一个脚印的楼梯。先从合格开始，脚踏实地向前进，一定能不断提升演讲水平。

做好三步，你也能控制演讲紧张情绪

当众演讲是每个人必须要面临的一件事，从上学时期的课堂发言、竞选班委，到工作后的求职面试、工作汇报，都需要公开讲话。

但不幸的是，几乎每一个人都害怕演讲，即便那些很会说话的领导、演说家，他们最初也害怕演讲，只是后来讲多了，自信口才就练出来了。

所以，害怕演讲很正常，但是我们可以通过训练不怕演讲，甚至喜欢上演讲。

按照时间进度，控制演讲紧张情绪有三步：

第一步，演讲前几天。

有些人在正式演讲的前几天就开始紧张了，此时我们需要做的是充分准备、充分练习，准备大纲、演讲稿、PPT 等，然后一遍遍试讲、演练。

建议写逐字稿，写稿的目的不是全部背下来，而是厘清思路，预演细节。如果不写逐字稿，你始终不知道自己有没有想清楚，是否逻辑通顺，有没有遗漏关键内容。

写稿后一定要彩排，彩排不是默念或小声读几遍，而是要像真实的演讲那样演练。现场怎么要求，你就怎么彩排，比如站着演讲、脱稿、有 PPT、使用话筒等，模拟越真实，彩排效果也会越好。彩排时，可以给自己录像、录音，然后观看视频中自己的表现，发现问题，并尽可能减少问题，这是打磨演讲效率最高的方式。建议至少彩排 3 遍。

我可以负责任地告诉你，要呈现一场精彩的演讲，离不开充分的准备和练习。乔布斯在每次产品发布会之前都会提前一周把会场租下来，反复彩排每一个细节。罗振宇准备跨年演讲，会提前半个月闭关修炼。演讲大师都这么做，何况我们普通人呢？

第二步，演讲前 30 分钟。

为了缓解控制紧张情绪，你需要提前到达演讲现场，然后做三件事：

第一，熟悉场地，调试设备，比如 PPT 播放、翻页笔试用、话筒试音，在台上走一走，找找感觉。

第二，大多数人都是在演讲开始前几分钟特别紧张，此时你可以通过转移注意力来缓解，比如深呼吸，把注意力放到呼吸上，或者和别人聊天，听听音乐，刷刷手机，总之不要老想着演讲这件事。

第三，做一些身体动作，比如拉伸一下身体肌肉，或者双手叉腰，霸气站立，从而会缓解紧张情绪，提升自信，因为动作行为会影响你的心理状态，就好比你不开心的时候可以通过唱歌、购物这些行为让自己心情好一点儿。

第三步，演讲开始后的最初几分钟。

这也是人最容易紧张的时候，所以你需要呈现一个精彩的开场白，给自己吃下一颗定心丸，也让观众产生兴趣。

如果在演讲过程中紧张了怎么办？比如发现观众表情很严肃、不耐烦、低头看手机，我建议你此时要专注于自己的演讲内容，把内容讲清楚、讲完整，其他方面的事情想了也没用，因为你控制不了。等以后演讲经验丰富了，再把注意力从演讲内容上转移到观众身上，根据别人的反应来调整自己的演讲内容和方式。

这就是三步法控制演讲紧张情绪。最后请记住，演讲紧张情绪很难彻底消除，别人鼓励你时说的"你别紧张"是一句正确的废话，我们要做的是允许紧张情绪存在，坦然接纳，和它和解、共存，控制好紧张情绪，不影响发挥，甚至有利于发挥。

过度紧张是有害的，但适度紧张是好事。怎样把演讲紧张情绪控制在适度范围内？唯一的方法是准备充分，多讲多练。

▶ 从听众角度出发，准备演讲

当你准备一次演讲时，首先会干什么？可能大部分人的习惯是构思演讲稿，我的建议是：第一步应该分析你的听众。

我们发表演讲，给听众带来价值，才能彰显自己的价值。评判演讲好坏的是听众，而不是演讲者，所以你的演讲要为听众服务，千万不能陷入自嗨模式——自己觉得很好，但是听众无动于衷。

从听众角度出发，准备演讲，至少要分析以下三点：

第一，听众画像。

创业者需要明确自己的"用户画像"，也就是你的用户是哪类人群、有什么特点和需求。同样，演讲前需要分析自己的"听众画像"，他们是哪个群体？有什么偏好和需求？

比如，从年龄上来分，听众有中小学生、大学生、青年人、中年人、老年人。各个年龄阶段的关注点是不同的，大学生关注自己的专业和就业前景、恋爱交友等；青年人已经步入职场，更关注职业选择和规划、职场晋升、婚姻恋爱等；中年人关注财富、家庭、育儿、健康等。所以，你给不同年龄阶段的人演讲时，需要考虑对方的关注点。

再比如，在职场上演讲，领导关心的是你的工作成果、经验总结、未来计划等；客户关心的是你的产品或服务能带来什么价值，成本是多少，以及你的资质和实力等。

我曾经辅导过一个医疗领域的创业者发表演讲，他面向投资人群体演讲时，会重点介绍自己的商业模式、团队优势、融资计划，这些都是投资人的关注点；而他面向客户群体演讲时，会重点介绍产品给客户带来的价值、性价比等。

我们不需要讨好听众，但是需要给听众带来价值，所以需要分析听众的画像、关注点。

你可能有疑问：如果我的听众是混合的，有各个年龄层、各个群体，应该怎么办？这时候我们选择听众的"最大公约数"即可，一场演讲不可能满足所有人的需求和预期，只要多数人认可，演讲就算成功。所以你分析一下哪类听众最多，重点满足这部分人的需求，其他人稍微关注一下即可。

第二，听众特点。

明确听众画像后，需要继续分析听众的具体特点，包括：性别比例、人数、年龄、职业、级别、文化水平、态度等。

听众的这些特点如果自己确定不了，可以询问一下主办方、组织者。就像我每次去一家单位授课前，都会询问听课学员的情况。

例如，在给女性听众演讲时，演讲者需要注意尊重女性，不要有大男子主义等言论。

人数也是演讲要考虑的重要因素，一般来说，听众人数越多，演讲者的压力越大。所以你要提前了解一下听众数量，调整好自己的心理能量。人越多，你的气场、台风也要越大气，在大舞台上面对几百人演讲，观众距离你比较远，所以你的身体语言和声音都需要更夸张一些，才能调动气氛；反之，如果在会议室面对十几个人演讲，就不需要那么夸张。

在单位内部汇报工作时，要清楚听众的职务和级别，普通员工、中层管理者、高层领导的关注点是不同的，比如：中层管理者关注的是和自己部门相关的利害关系、问题、业绩等，而高层领导更关注公司层面的战略、目标、文化氛围等。所以如果你有机会向高层领导汇报工作，不妨提一下对方关心的内容。

听众的文化水平也要了解，你的演讲内容要匹配对方的认知。有些教授、博士的演讲之所以不接地气，就是因为他们讲了太多专业术语、高深的理论，普通人难以理解、感到枯燥。

第三，听众的问题和需求。

分析完听众的画像、特点后，更进一步，关于你要演讲的主题，听众有哪些问题、痛点？已经知道了什么？还想知道什么？这是分析听众最关键的一步，因为我们的演讲就是希望解决听众的问题、满足听众的需求。

一方面，对于熟悉的听众，我们可以提前设想他们的问题，然后写演讲稿时回答这些问题。可以用 5W2H 框架来整理问题，也就是 Why、Who、What、

When、Where、How、How much。举个例子，你向老板申请涨工资，就要思考老板可能会问的问题，提前准备相关的应答，比如为什么给你涨工资？涨多少？如果不涨工资你会怎么样？有没有别的选择？再比如，你的演讲主题是精力管理，那么听众可能的疑问就是：什么是精力管理？为什么要精力管理？怎样进行精力管理？想清楚这些问题，你的演讲就可以逐一回答，非常有针对性。

另一方面，对于陌生听众，如果不了解对方的问题和需求，可以事先询问个别听众或主办方，甚至可以做一个电子问卷，让听众通过手机填写，收集他们的特点和需求，这样的调查分析最全面，在如今的移动互联时代完全可以轻松实现。就像我去一家单位上演讲课之前，给对方的问卷表里常见的问题是：您在哪些场合需要演讲？您在演讲方面有哪些困惑、痛点？您希望通过这次演讲课收获什么？

以上就是演讲前听众分析的三个方面：听众画像、特点、问题和需求。这三点从整体轮廓到具体细节，由表及里，逐层深挖，让我们准备演讲时能有的放矢、事半功倍。

◢ 发表一次演讲，需要准备多久

有人曾经问丘吉尔："您准备一次演讲需要多长时间？"丘吉尔回答："如果给我 5 分钟演讲时间，我提前一周准备；如果是 20 分钟，我提前两天；如果是 1 小时，我随时可以讲。"

这个回答可能出乎很多人的意料，常人的理解中，演讲时间越短，准备的时间也应该越短，反之越长。这种看法是有道理的，那为什么丘吉尔会唱反调呢？

这其实和他的身份以及演讲场合有关，作为英国首相，他的讲话备受关注，时间短和时间长两种演讲，哪个对他更重要？显然是前者，因为时间短的演讲往往容易被人们记住，也更能考验一个人的综合能力。

这就好比我和你随意聊天，任何时候开始都行，聊多久都无所谓。但是如果我们要录制一段 10 分钟的访谈视频，在中央电视台播出，那我们一定会投入大量时间、精心准备，打磨每一句台词。

笔者认为，演讲准备时间的长短和三个因素有关：

第一，对演讲主题的熟悉程度。

这个不言而喻，讲自己擅长的主题，可以信手拈来，准备的时间相对较短。比如，我是演讲培训师、演讲教练，讲演讲课程，几乎不需要准备，但是讲一门新的课，那就需要准备很久，反复磨课。

需要提醒的是，即便是讲自己擅长的主题，也不能毫无准备，随意发挥。这样对不住听众，也对自己不利。至少要梳理一下演讲大纲、主要素材，不要以为那些演讲好的人都是天生好口才、不需要准备，其实那都是精心准备、长期训练的结果。

乔布斯就是一位极致认真准备演讲的典范。在《成为乔布斯：从鲁莽新星到远见领袖的进化》一书中，作者详细描述了乔布斯准备产品发布会的细节：乔布斯通常会提前数月准备自己的新品发布会以及其他一些公关场合的出席安排，并会对此进行事无巨细的预演。他曾在一天时间内针对一场发布会展开了数次彩排，并对包括演讲稿色调、聚光灯角度以及为了更好的演讲节奏而调整了 PPT 的顺序。

第二，演讲的重要程度。

一次演讲对你越重要，那你准备的时间也要越长，比如述职竞聘、商务谈判。

我参加演讲比赛，演讲时长 7 分钟，从写稿到演练，至少要提前一周准备。参加微课大赛，讲课时长 15 分钟，至少要提前半个月准备。

我在吴军的《阅读与写作》课程上，看到这样一个故事：

我有一个朋友，每次开派对，四五个小时就听他一个人说，而且听完，大家收获还很大。过去他和女朋友在一起，从早上到深夜，能说十几个小时，还能让对方感觉意犹未尽。后来我才知道，我的这位朋友哪怕是在派对上，准备讲什么笑话、讲什么严肃的内容、从哪里切入，都写到了纸上，有时想不起来，会找个借口去洗手间看看。和女朋友在一起，也是这么做的。正是因为他做足了准备，所以在别人面前才显得轻松自如。

显然，对吴军的这位朋友来说，派对聊天、和女朋友交流都很重要，所以他会准备充分。

所以，你如果认为一次演讲很重要，就要投入相应的时间来准备。

第三，听众人数。

演讲需要听众，需要占用听众的时间，而时间是不可再生的宝贵资源。所以听众人数越多，就越要精心准备。因为你的演讲占用了人类时间，要对得住这些人付出的时间。

有一个粗略的计算公式，给出了演讲准备时间和听众人数的关系：

演讲准备时间 ≥ 演讲占用的人类时间 ＝ 听众人数 × 演讲时长

假如你面对 10 个人发表 10 分钟演讲，那么总共占用的人类时间是 100 分钟，你准备演讲的时间至少应该是 100 分钟。

假如你面对 30 个人发表 10 分钟演讲，那么总共占用的人类时间是 300 分钟，你准备演讲的时间至少应该是 300 分钟，相当于 5 个小时。

假如你面对 30 个人发表 1 小时演讲，那么总共占用的人类时间是 30 小时，你准备演讲的时间至少应该是 30 小时，相当于 4 天的工作时长（1 天工作 8 小时）。

这个公式只是粗略估算，不必较真，目的是希望告诉你：听众越多，你越要认真准备。

以上就是影响演讲准备时间的三个因素，对演讲主题越不熟悉、演讲越重要、人数越多，准备演讲的时间也要越长。

准备充分，底气才能更足。讲的是否精彩属于能力和发挥问题，但是准备的是否充分，则是态度问题。

▶ 人们为什么需要演讲教练

美国电影《婚姻故事》里面的男女主角离婚，为了争夺孩子抚养权，他们找离婚律师打官司，律师的收费是每小时 1000 美元。

我当时颇为咋舌，但是一想自己做演讲辅导和培训的收费每小时超过 1000元，也就大致理解了。和普通上班族比起来，酬劳还算诱人。市场有需求，就有人提供对应的产品或服务。

你可能会有疑问：为什么有人需要像我这样的演讲教练？作用真的很大吗？那我就来回答一下。

人们为什么需要演讲教练？

公开演讲是很多担任中高层职务人士的刚需，但是有太多人不敢或不会演讲，想想你自己曾经的演讲经历，就能体会一二。很多人私下交流或者在熟人面前讲话，一切正常，但是一旦到了比较正式的场合，面对几十乃至上百人发表演讲，就会怯场、语无伦次、词不达意。

这种情况很正常，有此困惑的朋友，你并不孤单，我接触过的人里面几乎都有这个问题。

比如，有一位公司副总 Z 先生，要在进博会上面对众多政府官员和商业人士发表演讲，介绍自己公司的业务模式和独特优势，他觉得自己的演讲思路和内容有问题，而且有点怯场心理，希望我给予辅导。我请他在我面前试讲一遍，就像医生看病一样，这期间我会"望闻问切"。听完以后，我就知道他演讲的主要问题了：逻辑思路不够严谨，内容缺乏吸引力，演讲台风不够自信。我给他一一指出，并且详细询问和交流，最终确定了演讲大纲和基调。经过辅导，他对演讲更有把握，也更有信心了。

我辅导过一位银行的学员，他参加银行内部的讲师技能大赛，需要讲 8 分钟的课程。初期存在的问题是：课程知识点太多，导致节奏偏快，而且重点不够突出；缺乏精致、亮眼的知识模型；小动作需要减少。经过两轮辅导、两次比赛后，他从上百位选手中晋级，进入总决赛。他跟我说："成为银行的金牌讲师已经确定了，接下来工资会调高一级，以后还有机会去不同分行、支行讲课。"你看，会演讲有助于一个职场人升职加薪。

我在某大学辅导一个大学生演讲，她要参加国家奖学金优中选优的演讲汇报，全省 15 个人里面选出前 10 名。她的优点是成绩很硬核，数据非常翔实。不足是三个小标题采用了书面表达的形式，而不是口语表达，所以比较晦涩；另外内容非常理性，缺乏感性的画面和事例。所以我给她的辅导建议是：一是简化三个小标题，重复主题词，用口语化方式表达；二是增加两处感性的事例，体现细节，让演讲有点温情。这类演讲虽多以理性为主，但穿插感性表达效果更好。

以上就是我辅导个人演讲的三个案例，给几十或上百人上演讲课，模式也大同小异。他们需要的是用合适的演讲技巧把自己的想法表达清晰，获得听众的认可，另外在心理上需要专业人士的鼓励和肯定。而我正好能提供演讲表达方面的方法和力量，所以双方一拍即合。

那么，我是怎样练就这个本事的？

作为演讲教练，我有一个本领，就是在听完一个人演讲后，能立刻一针见血地指出其问题，并且给出合理的建议。很多人对此表示非常惊讶和佩服，其实这种倾听、分析判断、快速输出的能力是长期训练的结果。

2010 年，我在浙江义乌廿三里镇给各家工厂的工人上课，主讲安全生产。那时候我读大四，在一个培训单位实习，所以有这样的授课机会。虽然每次能讲下来，但还是有怯场心理，讲课过程中感觉不自然、不自信，更谈不上享受这个过程。

但是如今我享受演讲，享受讲课，大多数演讲都能达到预期。听别人的演讲时，两三分钟就能听出这个人存在的不足。

练就这个本事，要从 2015 年接触国际演讲俱乐部 Toastmasters 说起，这是一个公益的演讲学习组织，在全球各地有分支，国内一二线城市几乎都有俱乐部。我在杭州参加的一家俱乐部，每周四晚上组织一次活动，每次活动持续两小时，大家在一起练习演讲、互相反馈，其中有高手，也有小白。

自从第一次参加活动后，我就被深深吸引，之后几乎每周都去，每次都要上台演讲两三次，别人给我反馈，我也给别人的演讲反馈。就这样，每年练习 100 多次演讲。

2016 年我参加俱乐部的春季演讲比赛，在 100 多人面前发表 7 分钟演讲，最终获得浙江赛区亚军。2017 年，通过竞选，我成为一家演讲俱乐部的主席。2018 年，我发起创建了一家新的演讲俱乐部。2019 年我参加全国培训师推优大赛，获得全国第 5 名。2021 年参加 AACTP（美国培训认证协会）中国区首届培训师大赛，获得全国前 10 强。这些经历都给了我极大信心。

同时，我学习了 TTT（教人做培训的一门课）、促动技巧、PPT 制作、结构化思维等培训相关的技能，当然，也研究了国内外优秀的演讲书籍、演讲课程，把学到的演讲和讲课技能用到实践中，持续练习，于是才有了今天的我。

格拉德威尔在《异类》这本书中提出：一个人在某领域从小白变成大师，需要刻意练习 1 万小时。这就是著名的 1 万小时定律，这些年我在演讲方面投入的时间即使没有 1 万小时，几千小时肯定是有的。我不敢自称大师，但至少是一个演讲培训方面的专业人士。如今，我依然会每天练习演讲，持续精进这项技能。

这个世界不缺少聪明人，但缺少持之以恒的人，一个笨人坚持做一件事很多年，也会有所成就。

俞敏洪在北大上学时，毕业班会上说："大家都获得了优异的成绩，我是我们班的落后同学。但是我想让同学们放心，我决不放弃。你们五年干成的事情我干十年，你们十年干成的事情我干二十年，你们二十年干成的事情我干四十年。如果实在不行，我会保持心情愉快、身体健康，到八十岁以后把你们送走了我再走。"这虽然是玩笑话，但是从中能看出俞敏洪的志向和毅力。

塞缪尔·斯迈尔斯说：只要一步一个脚印，坚持不懈的努力，即使资质平平的人也能取得非凡成就。

我已经走在持续努力的康庄大道上了，朋友，你呢?

第三部分：
演讲的基本技巧

演讲开头的三个重点

万事开头难，演讲也不例外，有很多朋友准备演讲稿时，开头需要憋很久。在介绍演讲开头的方法之前，先看几个常见的问题：

第一，没有开头。

直奔演讲主题，听众来不及反应，演讲者就已经开始说重点了。这种方式有合理之处，如节省时间、简单高效，但是却不适合多数演讲场合，因为听众需要缓冲时间来了解演讲者的背景、听这个演讲的原因和收益。

第二，非常啰唆。

有些人开头为了表示客气，讲了很多客套话，比如，感谢大家抽出宝贵的时间来听我的演讲，感谢主办方王总提供宝贵的机会，感谢……这种话如果只有一两句，听众还能接受，算是寒暄。但是如果开头一两分钟都在说这种话，那听众可能就会想：反正你还没进入正题，我先玩会手机。

还有些演讲，开头虽然没有很多客套话，但是讲了太多无关的内容，比如，长篇大论的自我介绍，长时间生硬的互动，这些都会让听众失去耐心。

第三，没有介绍演讲主题。

有些演讲听起来还不错，但是演讲者始终没有说明自己的演讲主题是什么，以至于听众听了半天也不知道演讲者到底想表达什么。这样演讲的效率和效果就会大打折扣，事倍功半。

那么恰当的演讲开头应该说什么呢？主要包括三点：

第一，自我介绍。

如果听众不认识或者不太了解你，那你需要自我介绍，要重点介绍自己和演讲主题相关的经历、经验，尤其是讲专业话题，更要介绍自己相关的专业头衔、经历和成就。

比如，假设演讲主题是家庭理财，那你要介绍自己在理财方面的专业性；假设演讲主题是育儿，那你要说明自己在育儿方面的经历、经验；假设演讲主题是跑步，那你要讲自己在跑步方面的事情。

当然，如果和听众熟悉，自我介绍可以免去。

第二，吸引听众。

很多电影的开头会播放一段戏剧性的冲突画面，比如电影《战狼》开头就是在一次抓捕毒贩的行动中，吴京饰演的狙击手冷锋擅自开枪把歹徒击毙，被关禁闭。这样的打斗画面和人物冲突，能迅速抓住观众的眼球。

演讲的开头也要实现这个作用，快速吸引听众的注意力，把不同听众从各自玩手机、交头接耳、胡思乱想中抽离出来，和演讲者保持在一个沟通"频道"上，从而达到把演讲内容高效传递给听众的目的。

怎样吸引听众呢？笔者列举几种常见的方式：

1. 提问

人的大脑在某一刻只能有一个念头，只要你提出一个问题，听众就会思考，从而放弃其他念头。比如我现在问你：你最喜欢吃的食物是什么？你肯定在想答案，对吧！提问引发思考，只要听众一思考，他们就进入你的演讲"频道"了。

问题不能随便提，而要和演讲主题相关，引导听众往某个方向思考。

比如，刘媛媛在超级演说家的演讲《寒门贵子》，开场白就是：在这个演讲开始之前，我先问问现场的大家一个问题，你们当中有谁觉得自己是家境普通，甚至出身贫寒，将来想要出人头地只能靠自己？你们当中又有谁觉得自己是有钱人家的小孩儿，起码在奋斗的时候可以从父母那里得到一点儿助力？

第一次提问后，现场几乎都举手了；第二次提问后，没人举手。观众举不举手倒是其次，关键是这样两个问题让全场观众都在思考，吸引了他们宝贵的注意力。

所以，你下次演讲时，如果现场观众注意力不集中，你提一个问题试试，保证注意力被你牢牢抓住。提问后有没有互动不重要，重要的是要给听众思考的时间，所以你需要在提出问题后沉默一会儿，观察别人的反应，这样听众就会被你的问题所吸引。

2. 讲故事

喜欢听故事是人的天性，因为在漫长的进化历史中，人类就是通过故事来认识和了解世界的。

试想，在远古社会，人们劳作一天后，围坐在篝火边或者躺在山洞里，聊着各自的见闻、天马行空的遐想，其中大多数都是故事，所以后来有了盘古和女娲、亚当和夏娃这样经典的故事。在现代社会人们还是喜欢故事，所以小说、影视剧广受欢迎。

在演讲开头讲一个小故事，能快速吸引听众的好奇心。比如：

今天我在来的路上，乘坐的出租车和前面的车子剐擦，接下来发生的一幕让我大跌眼镜……

我在上高中时，特别迷恋班里一个女生，每天都要偷偷看无数眼，有一天我终于鼓足勇气向她表白，结果……

清朝晚期的重臣曾国藩，虽然位高权重，但是他在生活方面十分节俭，有一位英国的军官拜访他时，发现曾国藩……

这些没讲完的小故事，相信你听了以后会产生兴趣，好奇接下来会发生什么，从而被吸引住。这就是故事的魅力。

和提问题一样，开头的故事也要和演讲主题相关，从而顺利引出相关的话题、观点。

3. 展示物品

展示的物品要和你的演讲主题有关，这个物品可以是PPT上面的一个图片或短视频，也可以是你手里拿的一个东西。总之，只要你说"请大家看一下"，这时候观众就会抬头，眼球被你吸引，注意力被你抓住。

比如，有一个学员的演讲主题是《我的母亲》，他在开场时展示了母亲的一张照片，并且说："请大家看一下，这是我母亲年轻时候的照片，据说是当年的校花。"这时候下面的观众齐刷刷看着大屏幕，听他讲自己母亲的故事。

4. 其他

还有很多吸引听众的开场技巧，比如幽默、引发悬念、告知收益、名言金句等，只要能实现吸引听众和引出主题的目的，这些技巧都可以运用，此处不再赘述。你可以选择自己喜欢和擅长的方式来吸引听众。

第三，提出主题。

演讲开头除了自我介绍和吸引听众外，还要介绍你的演讲主题，让听众知道你要讲什么内容、有什么重点、传递什么价值，避免演讲者讲了半天，听众不知所云，甚至会猜测演讲者的用意，白白浪费脑力。

提出主题包括三点，只要这三点都说清楚了，那么演讲者就不容易跑题，听众也会清楚地知道演讲者要讲什么。

1. 话题（必须讲）

参考句式：我和大家聊聊（或谈一谈、分享一下）……

话题是你的演讲题目或者一个词语、一个问题：

我和大家聊聊最近一周公司的销售情况……

我讲一下自己的三段创业经历……

我分享一下自己对电影《阿甘正传》的看法……

今天我来聊聊为什么当今社会人们越来越重视颜值……

最近共享经济非常火爆，今天我就谈谈这个话题……

无论什么场合的演讲，话题必须要说明，这是一个最基本的定位。就像你要带一群人去旅行，目的地是哪里，你要告诉人家，这样别人才不会困惑、迷茫。

2. 观点（最好讲）

参考句式：我认为（或者我相信、在我看来）……

话题是客观的，而观点是主观的，关于这个话题你有什么观点（也就是结论、看法、立场、判断、评价），要告诉听众。

就像语文课本上的好文章都有中心思想一样，一个好演讲也应该有清晰的观点，观点是一个演讲的灵魂、精髓。书面文章的中心思想有时候不明显，需要读者仔细揣摩；但是人们听演讲就没这个耐心和精力了，你要把观点清楚地讲出来。

我们公司今年的重点工作就是提高用户满意度……

我认为这个项目不应该投资，因为风险太大……

在我看来，企业家最重要的品质是毅力……

我特别认同一句话——父母才是孩子的起跑线……

《阿甘正传》这部电影告诉我们，一个笨人通过持久的努力，也能获得巨大的成就……

通过阅读《刻意练习》这本书，我发现每个人都可以运用刻意练习的方法学会任何一项技能……

观点见仁见智，不要怕引起听众的争议，只要你能自圆其说，证明你的观点，就比没有观点、说一些不痛不痒的话强很多倍。

有时我们对一个话题暂时没有清晰的观点，或者不想在开头就说出来，那可以不讲。大多数情况下，如果有观点，最好在开头就讲出来，提高沟通效率。

3. 大纲（看情况）

参考句式：我的演讲包括三部分——A、B、C（ABC 分别代表一个词或一句话）……

大纲就是你演讲的主要内容、思路，相当于在听众脑海里画了一幅线路图，让听众不仅知道你要带他们去哪里（话题、观点），而且还知道怎样去、路上会经过哪些地方（大纲），这样在演讲过程中听众才不会迷路、走失。

演讲大纲可以是三个词，也可以是三句话（根据情况讲两点或四点、五点也可）：

刻意练习包括三个要素：方法、反馈、走出舒适区……

我的汇报包括三部分：项目进展、项目问题、建议对策……

今天的课程包括三部分：结构化思维的四个特点、应用案例、课堂练习……

我认为自己能完全胜任部门经理的职位，因为我擅长学习新事物，沟通能力强，喜欢帮助他人成长……

开头需要介绍演讲大纲的场合，通常比较正式，比如工作汇报、培训讲课、方案讲解、论文答辩等，这些演讲对时间和效率要求比较高，所以需要介绍大纲、目录。其他场合的演讲是否介绍大纲，根据个人喜好和演讲主题可自主决定，比如个人故事类的演讲，就不适合剧透大纲。

以上就是提出主题包括的三点：话题、观点、大纲，我们举两个完整的例子：

提出主题1：（话题）今天我要介绍的一本书是《刻意练习》，（观点）通过阅读这本书，我发现每个人都可以运用刻意练习的方法学会任何一项技能，（大纲）书中提到刻意练习至少包括三个要素：方法、反馈、走出舒适区⋯⋯

提出主题2：（话题）我来汇报一下新项目的情况，（观点）总的来说，我建议给这个项目增派人手，（大纲）下面我从三个方面来汇报：项目进展、项目问题、建议对策⋯⋯

最后，总结一下，演讲开头需要说明三点：自我介绍（让听众知道你是谁），吸引听众（让听众知道为什么要听你讲），提出主题（让听众知道你要讲什么）。这三点的顺序不是固定的，可以根据情况自由调整。

当我们在脑海里有这个框架，就能快速组织语言，完成一次精彩的演讲开头。开头如果讲得好，听众会给予积极的回应，演讲者就会越来越自信，这样整个演讲就成功一半了。

▷ 演讲正文的三种结构

我们知道，演讲的内容再好、干货再多，但如果思路不清晰，逻辑不通畅，那听众接受起来是非常困难的。所以演讲的结构非常重要，这篇文章介绍三种常见的演讲结构。

第一种结构：三点式。

最常见的演讲结构就是三点式。比如，很多人自我介绍时，都会说自己的三个标签；领导发言喜欢讲三点。

为什么要讲三点，而不是一点、两点或者四五六点呢？一言以蔽之——这是由人的大脑决定的。人最容易记住的是一点，但是演讲中只讲一点，显得自己肚子里没货；讲两点，感觉不够专业；讲四五六点，人的大脑又不容易记住。所以讲三点是最合适的，显得有水平，而且听众能记得住。

举个例子，乔布斯在斯坦福大学毕业典礼上的演讲，就是一个经典的三点式结构。

乔布斯说：今天，我只说三个故事，不谈大道理，三个故事就好。我的第一个故事，是关于人生中的点点滴滴怎么串联在一起……我的第二个故事，有关爱与失去……我的第三个故事，关于死亡……

这种简单高效的三点式结构，我们在演讲中都可以套用。首先说，我讲三个故事，或者我讲三点看法，我提三个建议等。然后依次展开三个点，每一点的开头要概括一下这部分的主题，从而让听众明白你想表达什么。

再举一个工作场合的例子——工作汇报。

工作汇报的时候你如果说"下面我从九个方面来汇报一下我的工作"，估计听众要崩溃了，因为内容要点太多，听起来吃力。所以工作场合的演讲，在结构上也要分成三点讲。

就像我辅导过的一位学员，作为创业者他要向投资人介绍自己的项目，希望获得融资，最初他的演讲 PPT 目录包括十点（图 3-1），你看了什么感觉？

我给他辅导时，首先把内容做了精简，因为在有限的时间里，不可能事无巨细地都讲清楚，其次把重点内容分成了三部分（图 3-2），一目了然，演讲人自己的思路厘清了，听众也容易理解。

项目路演内容：	项目路演内容：
1.公司（项目）基本情况	1.公司（项目）基本情况
2.股东结构	1.1 目前行业状况、竞争及预测
3.近三年经营状况、财务状况	1.2 技术来源和商业模式
4.核心产品介绍	1.3 股东结构，核心管理团队介绍
5.目前行业状况、竞争及预测	
6.技术来源和商业模式	2.经营状况
7.核心管理团队介绍	2.1 近三年经营状况、财务状况
8.未来3~5年的经营计划和营收预测	2.2 未来3~5年的经营计划和营收预测
9.融资计划及用途	
10.公司有关活动、宣传片	3.融资计划及用途

图3-1   图3-2

所以，我们在演讲中，如果内容超过了三点，那么要进行分类，分成三部分（两部分或四部分也可以），每一部分下面讲几个小点，这样听众更容易理解。

罗振宇 2017 年《时间的朋友》跨年演讲，采用的演讲结构也是三点式，整场演讲回答了六个问题（分成了两类）。

2017 年，我逢人就问，关于我们这一代人形形色色的焦虑，得到了各种各样的答案。随着时间的推移，所有的讨论都逐渐聚焦到了以下六个问题上：

第一，我们不是强者，还能不能登上舞台？

第二，我们刚刚进场，怎么找到新玩法？

第三，跟不上变化，会不会被淘汰？

上面三个问题，离我们很近。更进一步，还有三个问题，看似离我们有点远，但其实对我们每个人的影响更大。

第四，中国经济增长会不会遇到天花板？

第五，中国经济增长有没有可持续性？

第六，中国能否赢得良性的全球发展环境？

第二种结构：时间轴。

通常按照事物发展的先后顺序依次讲，比如：过去、现在、未来。时间轴结构适合用于讲个人故事、组织发展历程、流程型主题。

比如，乔布斯在斯坦福大学毕业典礼上的演讲，既是三点式结构，同时也满足时间顺序，依次讲了自己上大学、创办苹果公司、患胰腺癌等三个故事。

美国内战期间，林肯在葛底斯堡的著名演讲，使用的就是时间轴：（过去）八十七年前，我们的先辈们在这个大陆上建立了一个全新的国家……（现在）如今我们正在从事一场伟大的内战……（未来）这更要求我们这些活着的人去继续那些英雄们所为之战斗的未竟事业……

很多流程型的主题，本质上也是时间先后顺序。例如，中医里的"望闻问切"，就是一种流程。望，指观气色；闻，指听声息；问，指询问症状；切，指摸脉象。四步依次进行。PDCA 质量管理包括四个阶段，分别是 Plan（计划）、Do（执行）、Check（检查）和 Act（处理），需要依次开展，也是一种流程。

第三种结构：黄金圈。

黄金圈其实是三点式结构的特殊应用，只是每一点的内容都设定好了，依次讲 Why（为什么）、How（如何做）、What（做什么）等三部分。实际使用时，三者顺序可以根据需要灵活调整。

黄金圈结构由西蒙·斯涅克（Simon Sinek）在 TED 演讲《伟大的领袖如何激励行动》中提出。这个结构之所以叫黄金圈，因为它特别符合人的思考和认知习惯，简直像黄金一样重要、宝贵。

举个例子，很多培训课程的逻辑一般是：先告诉你学习这门课的价值和意义，引起你的重视，这是 Why；然后告诉你这门课都有什么内容，这是 What；最后大部分时间讲实用的方法和技能，这是 How。这里要把 Why 放在开头讲，不能上来就讲 What 或 How。

比如你开头如果说：今天我们学习非暴力沟通三部曲。听众会想：我为什么要学习非暴力沟通？这和我有什么关系？所以，开头要先讲非暴力沟通的作用和价值，也就是把为什么要学（Why）告诉听众。

以后你去讲课或者分享干货的时候，开头先不要直接讲干货内容，而是要先讲 Why——大家为什么要听这些干货，这些干货能给大家带来什么帮助。听众意识到自己需要学、需要听以后，你再讲 What 和 How，这样别人才能听进去。

再举一个例子，知名火锅品牌海底捞出现侵害消费者权益的危机事件时，发布的道歉声明通常包括三部分内容：发生了什么问题（What），背后的原因是什么（Why），接下来解决问题的具体措施（How）。逻辑结构简单明了、清晰易懂。

给我们的启发是，以后讲某种问题或现象时，可以依次讲：这是什么问题（What），这个问题为什么会发生（Why），这个问题怎么解决（How）。就像我的一个学员在公司里分享数字化转型，按照这个结构梳理之后，内容大纲就是：什么是数字化转型，企业为什么要数字化转型，怎样完成数字化转型。

这就是三种常见的演讲结构，我做了一个汇总表（表 3-1），供参考：

表3-1　三种常见的演讲结构

演讲结构	应用举例
三点式	• 我有三个标签：第一个……第二个……第三个…… • 我讲三个故事：第一个……第二个……第三个…… • 我提三个理由：第一个……第二个……第三个…… • 下面我讲三点：第一点……第二点……第三点…… • 我从三个方面来汇报：第一……第二……第三……
时间轴	• 讲述个人故事：昨天、今天、明天 • 组织发展历程：过去、现在、未来 • 流程型主题：第一步、第二步、第三步
黄金圈	• 个人工作思考（Why、How、What）：为什么做这份工作？怎样做好？希望做成什么样子？ • 培训课程（Why、What、How）：为什么要学？学什么？怎样学会？ • 分析和解决问题（What、Why、How）：是什么问题？为什么会发生？怎样解决？

最后，打个比方：珍珠再好、再多，如果没有一根线把它们有序串起来，那就是一堆石子而已。我们的演讲素材就是一颗颗珍珠，结构就是一根线，用线把珍珠有序连接起来，才是一条精美的项链。

▶ 演讲结尾的四种方式

演讲结尾的重要性，可以用心理学中的"近因效应"来解释，近因效应是指当人们识记一系列事物时，对末尾部分项目的记忆效果优于中间部分项目的现象。当演讲结束后，听众能记住的往往就是结尾的内容和感觉。

所以，我们在结尾需要强调整个演讲的重点，给听众加深印象。通常有以下四种方式：

第一，总结回顾。

你希望听众记住什么，就要在结尾总结回顾这些内容，比如演讲的观点、要点。

如果你的演讲目的是告知，内容是知识、方法、干货，那么结尾就要梳理、强调其中的要点。比如：自我介绍的最后，总结三个标签；课程的最后，回顾知识点。

如果你的演讲目的是劝说或激励，那么结尾要再次强调你的观点。比如：

所以，我认为这个项目风险太大，不应该投资。

这就是我今天想传递的一个理念——父母才是孩子真正的起跑线。

以上就是《阿甘正传》这部电影带给我的感悟：一个笨人通过持久的努力，也能获得巨大的成就。

需要注意，我们不能为了总结而总结，不能只有泛泛的表述，没有强调实质性内容，比如：

以上就是我的演讲，谢谢。（反面例子）

以上就是我要表达的观点，谢谢大家。（反面例子）

最后回顾一下，我今天讲了三部分内容：为什么要学演讲，什么是演讲，怎样做好一场演讲。谢谢大家。（反面例子）

上面这三个例子都没有强调实质性重点，看似是总结，其实什么都没说。恰当的总结回顾要把观点、知识点本身讲出来。比如：

以上就是我要表达的观点——一个人如果只是做力所能及的事，就不会进步。谢谢大家。

最后回顾一下，我今天讲了三部分内容：第一，为什么要学演讲？因为演讲可以帮助我们收获口才和自信；第二，什么是演讲？演讲就是一对多的正式沟通；第三，怎样做好一场演讲？需要依次分析听众、聚焦目的、梳理结构。谢谢大家。

第二，号召行动。

我们发表演讲，通常希望给听众带来积极的影响，比如：自我介绍时希望别人记住和认可我们；工作汇报时希望领导了解和支持我们；讲课时希望听众学会我们所讲的知识和技能。

所以在演讲结尾，你希望听众怎么想、怎么做，就可以进行号召、呼吁、激励。比如：

（总结）所以，我认为这个项目风险太大，不应该投资。（号召）希望各位再三考虑，谨慎决策。

（总结）这就是我今天想传递的一个理念——父母才是孩子真正的起跑线。（号召）所以我们为人父母，真正应该做的不是给孩子报各种补习班，而是做好表率，父母终身学习、不断成长，那孩子也一定会好好学习、天天向上。

（总结）最后回顾一下，我今天讲了三部分内容：第一，为什么要学演讲？因为演讲……（号召）希望大家今后演讲时，运用今天学到的方法，反复实践，你一定能成为演讲高手！

第三，主题升华。

演讲结尾可以升华到一定高度，给听众一种开阔视野、提高认知的感觉。常见的升华有两种：

1. 从具体事例到抽象道理的升华

前面讲了故事、例子，结尾要从中提炼出你想表达的观点、道理，让听众既听到生动的故事，同时也明白背后的道理。

比如：你给一个小孩讲司马光砸缸的故事，最后就可以启发他懂得"乐于助人""勇敢机智"等道理；你讲述马云连续高考三次才考上大学、创业失败多次才有了阿里巴巴，最后可以提炼出一个观点：恒心和毅力是一个人成功的必备品质。

乔布斯在斯坦福大学的著名演讲，也是通过讲自己的人生故事，传递这样一种观点：你们的时间有限，所以不要浪费时间活在别人的生活里，不要让别人的意见淹没了你内在的心声，要拥有跟随内心与直觉的勇气，你的内心与直觉已经知道你真正想要成为什么样的人。求知若饥，虚心若愚。

2. 从小范围到大范围的升华

从微观到宏观的升华，以小见大。比如前面讲的是一个人或一些人的事情，结尾可以延伸到一类人乃至整个社会；前面讲的是一件具体的事，结尾可以扩展到一个领域、一个行业。

比如，前面讲垃圾分类的知识，结尾可以升华到保护大自然、守护地球家园。

奥巴马 2009 年在美国开学日的演讲《我们为什么要上学》，从自己小时候上学的故事，讲到其他普通美国人通过求学改变命运的经历，结尾进行升华，号召大家学习不仅是为了自己，还是为了让国家的未来更美好。这样的升华就提升了整个演讲的高度和气势。

第四，金句收尾。

结束语讲一句和演讲主题相关的名言、金句，能起到画龙点睛的作用，让听众对这句话念念不忘、回味无穷。

下面举几个结尾讲金句的例子：

刘媛媛在"超级演说家"的演讲《寒门贵子》，结尾是："（总结观点）这个故事关于独立，关于梦想，关于勇气，关于坚忍。它不是一个水到渠成的童话，没有一点儿人间疾苦。（金句）这个故事是有志者事竟成，破釜沉舟，百二秦关终属楚；这个故事是苦心人天不负，卧薪尝胆，三千越甲可吞吴。"

时间管理主题的演讲，结尾的金句可以是：我们无法改变时间的长度，但却可以增加时间的密度。

鼓励大家坚持、有恒心的演讲，结尾的金句可以是：麦当劳创始人雷蒙·克罗克的办公室墙上写了这样一句话：世上任何东西都不能代替恒心，"才华"不能，才华横溢却一事无成的人并不少见；"天才"不能，是天才却得不到赏识者屡见不鲜；"教育"不能，受过教育而没有饭碗的人并不难找。只有恒心加上决心才是万能的。

以上就是演讲结尾常见的四种方式：总结回顾、号召行动、主题升华、金句收尾。采用其中任何一种方式，或者两三种同时使用，都是可行的。

其他的结尾方式，比如，小故事、幽默、祝福等都可以，只要能实现强调重点、给听众加深印象的目的即可。

演讲的开头、正文、结尾等技巧，学过以后一定要真正用起来，才会真正有用。送你一个金句：比起无知，更可悲的是知道了却没行动。赶快行动起来吧！

如何实现演讲目的

演讲好不好、成功不成功的标准是什么？是普通话标准、声音好听？还是幽默风趣、激情四射？

以上都不是，我认为判断演讲是否成功的最重要的标准是演讲目的，如果演讲目的达到了，演讲就可以视为成功；如果演讲目的没达到，即便看起来十分出彩的演讲，也不能视为成功。

以终为始，是史蒂芬·柯维在《高效能人士的七个习惯》一书中提到一个习惯，我们做事情之前（尤其在工作中），要明确自己的目的是什么，希望达到什么结果，然后来指导自己当前的行为。

演讲同样如此，它是一种时间宝贵、追求效率的沟通，所以更要以终为始，演讲之前就要明确自己的目的，其他方面（比如演讲内容、PPT、台风、互动等）都要为目的服务。

演讲目的有四种：

第一，告知。

这类演讲的目的是告诉听众某些信息、知识，或者教会听众某些方法、技能。比如，老师教给学生语文、数学等知识，还有专家开设的健康知识讲座，就是典型的告知型演讲。

以下例子通常是告知型演讲：

· 各类知识讲座

· 多数培训课程

· 产品操作演示

· 部分工作汇报

· 新闻发布会

· 天气预报

· 专业讲解（博物馆、导游）

判断告知型演讲的目的是否达到，在于听众是否听懂、记住或学会。比如：你在单位给新员工介绍企业的薪酬体系和晋升制度，如果新员工听懂、理解了，说明你的演讲目的达到了；你给客户培训，教他们使用一款管理系统软件，如果客户学会了操作使用，说明你的演讲（培训）目的达到了。

实现告知型演讲目的的要领是"分点讲述"，通常采用总分总结构。

首先总的说明，比如：我们公司的薪酬体系包括4层、12个级别，下面我一一介绍；这款软件的操作包括三步；今天的课程包括三部分内容；我来分享时间管理的两个小工具。

然后展开讲述，让听众一点一点接收，因为大脑的学习习惯就是：先整体，后局部；先框架，后细节。所以，你要在演讲的主体部分依次讲第一点、第二点、第三点，或者第一步、第二步、第三步。例如，跑步有三点注意事项，第一，跑前要热身……第二，跑步中控制好呼吸……第三，跑后要拉伸……

最后需要总结回顾，再次给听众加深印象。告知型演讲的目的是让听众理解、学会，你只讲一遍，听众不一定能记得住、记得牢，所以最后需要再次梳理和强调要点。比如：以上就是跑步的三点注意事项：跑前要热身，跑步中控制好呼吸，跑后要拉伸。

第二，劝说。

这类演讲的目的是说服听众采纳某个观点或做出某种行动。比如，学校里竞选班委的演讲，职场中竞聘演说，生活中劝说某个人戒烟，都是劝说目的。

以下例子通常是劝说型演讲：

· 销售讲解

· 竞选演讲

· 募捐演讲

· 融资路演

· 求职面试

· 辩论比赛

判断劝说型演讲的目的是否达到，在于听众是否被你说服，最终改变观念或做出行动。比如：你给潜在客户推销一款产品，最终客户决定购买或有购买意愿，说明你的演讲目的达到了；你向老板汇报工作，希望获得 100 万营销经费，最终如果老板被你说服、同意了，说明你的演讲目的达到了。

实现劝说型演讲的要领是"动之以情、晓之以理"，说明好处和坏处是晓之以理，列举故事和例子是动之以情，所以，劝说型演讲的结构通常采用：趋利（好处 + 事例），避害（坏处 + 事例）。

有的劝说需要同时讲趋利和避害，比如劝说听众做好垃圾分类，你要说明这样做的好处是什么，并且举例证明（比如新加坡的做法），不这样做会带来什么坏处，同时举例（比如一些地方垃圾围城）。再比如，你劝说领导支持你的方案，就要解释这样做有什么好处，举例说明，不这样做可能会有什么危害，举例说明。

有的劝说只需讲趋利即可，比如劝说听众经常跳绳，你要说明跳绳能带来什么好处，并且列举通过跳绳带来实实在在改变的人物事例。求职者面试，希望用人单位给予工作机会，那么就要说明自己为什么能胜任职位，能给组织带来什么价值，并且拿事例说明。

有的劝说适合讲避害，比如劝说听众戒烟，你要解释吸烟带来的具体危害，并且列举真实的案例，譬如某某吸烟 20 多年最终罹患肺癌晚期，某某吸烟导致妻子长期吸二手烟，生下畸形的婴儿。

第三，激励。

这类演讲的目的是激发听众的热情、信念或追求，引起感情或思想上的共鸣。比如，学校毕业典礼上的演讲就是激励学生毕业后继续努力，追求人生理想。

劝说型演讲中，希望听众做的事比较具体，比如戒酒、买保险等。而激励型演讲中，希望听众做的事往往比较抽象，层次更高，比如追求梦想、坚定信念等。

以下例子通常是激励型演讲：

- 毕业典礼演讲
- 就职演说
- 分享个人成长故事
- 政治类演讲
- 新年贺词
- 成功学

判断激励型演讲的目的是否达到，在于听众是否有共情，眼里是否有光，脸

上是否有热情。比如：年底在部门聚餐上，你作为部门经理讲一段话，给大家鼓鼓劲，最终听众一个个摩拳擦掌、激情满满，说明你的演讲目的达到了；你分享自己的成长故事，希望给大家一些正能量，最后听众热血沸腾、斗志昂扬，说明你的演讲目的达到了。

激励型演讲的要领是"引起共情"，通常采用结构：故事 + 观点。

引起共情，就要让听众进入具体的场景中，带领他们体验故事中人物的经历、情绪和心理，通常是克服困难、取得成功的励志故事，听众会不自觉把自己带入其中，想象自己就是那个故事的主角，就像看电影或小说一样。

比如讲马云当年高考三次才考上大学，去肯德基面试，24 个人中只有马云没有被录用，创立阿里巴巴时见过 30 多位投资人，没有一个人愿意投资，但是马云始终没有放弃，最终建立了一个伟大的商业帝国。

除了讲故事，还要从故事中提炼一个简洁、有力的观点，就像一支箭一样，瞬间击中听众的内心，让听众不仅被故事激励，同时还能记住一句能量满满的话，之后想到这个故事或观点就斗志昂扬。比如可以通过马云的故事告诉听众一个观点：不是因为有希望才坚持，而是因为坚持才有希望。

再列举几个激励型演讲的观点：终身学习改变命运；不要抱怨，一切靠自己；永不放弃；敢于挑战，才能突破；走出舒适区，遇见更好的自己；永远追求梦想，永远热泪盈眶。

第四，娱乐。

这类演讲的目的不是告诉听众知识，也不需要劝说或激励，而是让听众开心一笑、消遣放松。

以下例子通常是娱乐型演讲：

· 相声

· 脱口秀

· 吐槽大会（一档电视节目）

· 奇葩说（一档电视节目）

· 部分聚会场合的演讲

判断娱乐型演讲的目的是否达到，就看听众是不是放松下来，是不是会心一笑、甚至开怀大笑。

大部分人在工作和生活中不需要做娱乐型演讲，所以本书不做重点阐述，有兴趣的朋友可阅读本书第四部分文章《幽默演讲的四种思维》。

以上就是四种演讲目的：告知、劝说、激励、娱乐。目的是一个演讲的出发点和归宿点，演讲之前，要明确自己的目的，演讲之后，要判断目的是否达到。

总之，无目的，不演讲。演讲的一切准备和实施都为目的服务。

我建议一次演讲最好只有一种目的，或者以一种目的为主，比如给听众分享一些干货知识（告知），或者呼吁听众采取一个行动（劝说），或者通过讲自己的奋斗故事给听众带来正能量（激励）。如果你的演讲时间较长，或者演讲经验丰富，可以有两种或两种以上目的。

最后，附上三篇演讲稿案例，分别对应不同的演讲目的，供你学习参考。

告知型演讲：分点讲述

《三项互动，提升领导力》演讲稿

大家好，请允许我做一个调查，在座各位做过领导的请举手？希望提升领导力的伙伴请举手？谢谢大家，看来大部分人都想提升领导力。那我今天的演讲对你会有启发。

我自己做领导的经历不多，曾经短暂带过一个三人创业团队，在演讲俱乐部也担任过主席。为了做好这次演讲，我专门阅读了一本书《领导力的精进》，这本书是全球顶尖的人才管理咨询公司DDI的两位专家写的，他们认为领导力就是一种互动。书中提到，有三项互动原则可以提升领导力。

第一项互动原则是尊重。老生常谈的话题，可是有很多新晋领导不懂得如何尊重。尊重就是维护他人的自尊，增强他人的自信心。

有两个体现：第一是赞美，同事做得好，你要给予表扬、赞美，比如，王总对秘书小李说"小李，你好棒，你很负责"，那小李什么感觉？肯定没什么强烈的感觉。但如果王总赞美得很具体，比如："小李，你周一组织的会议井井有条，大家都很有收获，你真的太棒啦！"那小李心里肯定美滋滋的，心想：领导，你看到我的付出了。所以赞美，要赞美到具体的行为和成果上。

第二是批评，如果只是泛泛地批评，不仅起不到效果，而且还会伤害别人的自尊心。比如，某次会议小李迟到了，王总如果对小李说："你怎么回事，公司这么重要的会议你也迟到，真是的！"这样的批评没有用，而且伤害了小李的自尊心，合适的批评应该是针对具体的行为，比如王总事后问小李："你今天迟到了15分钟，发生了什么事情啊？"

这就是提升领导力的第一项互动原则——尊重。无论是赞美还是批评，都要针对具体的行为和结果，不能泛泛而谈。

第二项互动原则是同理心。听起来又是老生常谈，那我就聊一个老生常谈的场景，你的同事向你诉苦，然后你说："嗯，我理解你的感受"，你同事心里什么感觉？他嘴上不一定说什么，但心里一定想"你理解什么呀！"

那我们应该怎样回应呢？运用同理心，耐心听完对方讲话，然后把你听到的内容简单总结一下，反馈给对方，再表明你理解他，让他知道你确实在听。

比如演讲俱乐部活动负责人安琪向主席诉苦说现在会议好难组织，主席听完以后就可以这样回应："嗯，安琪，疫情期间会员的积极性、出勤率降低了，你的本职工作又很忙，我能感受到你的压力。"这样虽然问题没有得到解决，但是安琪心里肯定会好受一些，她知道主席理解自己。

这就是提升领导力的第二项互动原则——同理心，要耐心听完对方的话，然后不仅表达感受，还要简单复述你听到的内容，这会让对方感受到你的真诚和理解。

第三项互动原则是支持。就是领导要鼓励同事承担责任，同时要提供必要的帮助。比如，有下属来找你帮忙，说："领导，我跟这个客户沟通了好几次，他就是不答应签合同，怎么办呢？"这时候如果你说："行，我知道了，我想想办法，然后答复你。"对不起，这样的话你就把下属身上的"猴子"背到自己身上了，让自己杂务缠身，而且下属还得不到成长，所以这不是最好的支持。

好的支持应该鼓励员工承担责任，同时提供必要的帮助。比如，领导可以说："你去找老王聊聊，看看他以前碰到类似的问题是怎么解决的，如果还搞不定，你再来找我。"这样既能激励下属思考和行动，提升能力，同时他又知道你会提供帮助，减少后顾之忧。

好，今天我介绍了《领导力的精进》中提到的三项互动原则，可以提升领导力。这三项互动原则是尊重、同理心、支持。第一，尊重，需要注意无论赞美还是批评，都要针对具体的行为和结果，不能泛泛而谈。第二，同理心，要耐心聆听对方说话，回应时不仅表达感受，还要简单复述他的内容，让他知道你在认真听，你理解他。第三，支持，好的领导不仅给下属提供帮助，更要鼓励下属承担责任，提升能力。

无论你现在是不是领导，都可以培养这三方面的互动能力，提升自己的领导力。未来社会，人人都是领导者，人人都是管理者。谢谢大家！

劝说型演讲：趋利（好处＋事例），避害（坏处＋事例）
《普通人为什么要写作》演讲稿

大家好，首先，请允许我做一个小调查：平时有写作习惯的伙伴请举个手，无论是写日记，还是写专业文章，写自媒体等都行。谢谢！

作为一个出过一本书，并且在践行每天写一篇文章、一年写20万字的人，我今天来分享一下，普通人为什么要写作，写作能带来哪些好处。我认为，坚持写作，至少能带来以下三大好处：

写作的第一个好处是记录人生。

一个有写作习惯的人和一个没有写作习惯的人，他们对于生活的感知，以及年老时人生的精神财富，是有天壤之别的。

我从初三开始写生活感悟，有时一周写几篇，有时一个月写几篇，初中和高中时用纸质笔记本，上大学后逐渐开始在网上写博客，再后来又转移到自媒体平台，总之写作的习惯一直没丢。

我偶尔会翻看一下过去的文章，林林总总的回忆浮现在脑海中，原来自己的心路历程是这样的。很多事情如果不写下来，真的很快就会忘记，就好像从来没有发生过一样。

现在，我每天写一篇300字以上的文章，每年大约写十几万字。写作的主题很多，关于演讲、成长、阅读、育儿、爱情、心理学等。比如，我和老婆的爱情故事系列文章已经写了10篇，如果一直写下去，等我们年老时，说不定就可以整理成一本书，留给自己回忆，也是给子孙后代的一份礼物。

写作的第二个好处是帮助思考。

我思故我在，写作也是一种有价值的思考方式，绝大多数人的大脑一刻都停不下来，胡思乱想，但是这些杂念没有什么意义，而静下来写作，就是一种高质量的思考。

很多事只是想，是想不清楚的，也想不深入、想不全面，但是写作能帮助我们把内心深处的灵感和思想激发出来，写着写着，有时候自己都会吓一跳，原来我还有这样的想法！

我写第一本书《三维演讲》时，首先根据自己对演讲的理解列了一个大纲，然后就每天码字，把一个个主题延展为一篇篇文章，事后回看书中的内容，我惊叹自己居然有这么多有用的经验、精妙的想法，如果不是倒逼自己写书，可能就不会有这些文字成果了。

如今手机的普及让人的时间碎片化，我们深入思考的时间越来越少，普通人一年到头都不见得有过什么高质量的思考，人一旦不再深入思考，思想就会搁浅，进而言行就会退步，所以在当今时代，用大块的时间来写作就更加有必要。

写作的第三个好处是建立个人品牌。

我们生活在移动互联时代，任何人都需要个人品牌。比如，一个大厂的程序员，通过写作总结自己专业领域内的知识、经验，发在网上，就能链接到世界各地的人，成倍放大自己的影响力，通过这些文章，或许就能获得新的 offer、客户和合作机会。

我认识一位很厉害的职业培训师——郝志强老师，他把自己读过的书、上过的课程、各种思考和感悟，都写成系列文章，做成短视频，通过这种方式收获了大量粉丝和客户，很多企业都是通过他的文章或视频找到他，请他上课。每过一段时间，他就把某个专题的文章整理汇编，以图书的形式出版，目前他已经出了好几本关于培训、心理学、创新等方面的书。郝老师是我在培训道路上的榜样，他也是通过持续写作建立个人品牌的专家，值得很多人学习。

我在 2018 年写的第一本演讲口才书《三维演讲》，虽然没有十分畅销，但还是让我在培训师的道路上前进了一大步，提升了能力，结识了众多朋友。

以上我讲了写作带来的三个好处：第一，记录人生；第二，帮助思考；第三，建立个人品牌。

最后，送大家一段我特别喜欢的话：到了一定的年龄之后，一类人变得越发有趣，另一类人则变得越发无聊，前者开始创造生活，后者开始被生活创造。

写作就是在创造生活，如果你有写作的想法，那就立即开始行动吧，我们一起努力。加油！谢谢！

激励型演讲：故事＋观点

《卖苹果嘞》演讲稿

最近有一个热门话题就是摆地摊，我看到很多人在调侃，说自己想去摆地摊，那么你有没有真正想过去摆地摊呢？其实我上小学时就摆过地摊，而且是流动式的。

那时候我和母亲去各个村庄卖苹果，当时感觉挺辛苦的，但是现在回忆起来，是一段难得的生活体验，而且母亲无意中教给了我一个重要的人生道理。

故事要从一辆三轮车开始说起。大概是小学四五年级的时候，有一天放学回家，惊奇地看到家里多了一辆崭新的三轮车，绿色的油漆无比锃亮。我和哥哥看看这儿，摸摸那儿，要知道我的家乡在太行山区的农村，那时候算得上家徒四壁。我就问母亲这三轮车哪里来的，母亲说："嘘，小声点，这是我从镇上赊账买的，400 块钱，我准备去卖苹果，等赚了钱还给人家。"哇！老妈好厉害！

后来母亲开干了。她起早贪黑，早上去镇上的批发市场以批发价买进一车苹果，然后骑着三轮车去周边的村庄叫卖。我周末或假期不上学的时候，母亲也会带着我一起去卖苹果。她在前面踩着脚蹬，我坐在后面三轮车的边缘上，双手紧紧抓住前面的栏杆。母亲在前面喊一句："卖苹果嘞！"我在后面跟着也喊一句："卖苹果嘞！"这时候有村民好奇怎么会有小孩儿卖苹果，就过来看看。

那个时候人们普遍都穷，想买苹果，但是手里没现金，就用粮食来换，一般是小麦或玉米。所以母亲先要给粮食称一下重量，然后按照当时的粮食价格换算成一定数目的钱，再除以苹果的单价，给对方相应重量的苹果。所以我们骑着三轮车，载着一车苹果去，还要载着一车粮食回到镇上卖掉，换成现金，才能回家。

有时候遇到上坡路，母亲骑不上去，就下来拉着走，我在后面使劲推。有一次遇到下雨天，在一段下坡路上，母亲没控制好三轮车，撞到了路边的石头，轮子撞歪了，苹果撒了一地，顺着下坡路往下滚，我和母亲赶紧下车去捡，那可都是要换成钱养家的啊。在雨水中我们捡回一堆摔坏的苹果，心疼苹果，也心疼三轮车，默默无言，继续上路。

这还不是最辛酸的，最难受的是收到假钱，如果收到一张50元的假钞票，几天的辛苦就白费了。

最终，母亲靠吃苦耐劳，赚了400块钱，付给了三轮车店。从此我们家拥有了一辆真正属于自己的三轮车，后来这辆三轮车跟着我们"走南闯北"，去地里收麦子、收玉米，去马路边晒粮食，立下了汗马功劳，也给我的童年带来了很多快乐。

母亲用言传身教和身体力行告诉我：人，一定可以凭自己的努力，活出精彩。今天我也把这句话送给大家。

在物资匮乏的年代，母亲能凭自己的努力活出精彩。现在的我们也一定可以活得更加出彩！谢谢大家！

演讲是讲故事的技术

我经常对学员说：只要会讲故事，就能演讲；演讲就是讲故事的技术。

试想一下，自古至今，从原始人类围绕在篝火旁聊天，到出现盘古、女娲、亚当、夏娃等神话故事；从孔子在树下给学生讲课，到宗教人士在各处传教布道；从商务人士向客户介绍产品和方案，到时下最流行的短视频，哪个不是在讲故事？

故事是人最喜欢、也最有效的沟通方式。

美国普林斯顿大学曾做过这样一个实验：对房间内讲故事者和听众的大脑进行核磁共振扫描，发现听众的大脑成为讲故事者大脑的"镜像"。讲到动情处，讲故事者大脑中的岛叶（负责情感的区域）会活跃，听众大脑的岛叶随之也活跃；讲到观点和道理时，讲故事者大脑中的前额叶（负责理性的区域）会活跃，听众大脑的前额叶也一起活跃。

这个实验表明，无论是共情，还是讲道理，都能通过讲故事来实现。如果你想打动听众，可以讲故事，比如为了说服客户购买你的产品，讲一个你帮助其他客户解决问题、创造价值的故事；如果你想表明观点，可以讲故事，比如为了说明环境和学校对未成年人的重要性，可以讲"孟母三迁"的故事。

孙中山先生为了救国救民，在演讲中讲过这样一个故事：

南洋爪哇有一个财产超过千万的华侨富翁，某日，他外出访友，却因未带夜间通行证和夜灯而无法返回，因为当地法律规定：华人夜出如无通行证和夜灯，一旦被荷兰巡捕查获，轻则罚款，重则坐牢。出于无奈，他只得花一元钱，请一个日本妓女送自己回家，因为荷兰巡捕不会询问日本妓女的客人。日本妓女虽然很穷，但是她的祖国很强盛，所以她的地位高，行动也就自由，这个中国人虽然很富，但他的祖国却不强盛，所以他连走路也没有自由，地位不如日本的一个娼妓。如果国家灭亡了，我们到处都要受气，不但自己受气，子子孙孙都要受气啊！

作为中国人，你听了这样的故事，一定有共鸣和感触吧。这就是故事的力量。好故事是攒出来的、练出来的。

要成为会讲故事的人，就需要平时积累，不存在"妙手偶得之"的好故事。

我在"得到"APP上学习时，看到一段让我震惊的话：

我建议你平时就做积累，针对常见的一些情况，选出相应的故事，拥有自己的故事素材库。我自己的素材库，至少储备了2000个案例故事，我还会定期更新筛选。没那么忙的时候，就看看之前储备的这些素材，自己假设不同的情境，然后看在这种情境下该如何讲述，不断练习、打磨自己的故事和讲故事的能力。（摘自得到APP课程《和王妮学保险销售》）

王妮老师作为行业内的高手，成功背后有很多原因，其中之一肯定有讲故事能力，她积累了2000多个故事，并且不断打磨和练习。这一点让我这个演讲培训师也感到佩服不已。

我们平时可以积累以下三种故事：

第一种，自己的故事。

无论是打动听众，还是说明观点，自己的故事最有说服力。成就事件、失败经历、第一次系列（比如第一次实习、第一次出国、第一次为人父母等），都是很好的故事素材。

俞敏洪经常讲自己高考三次才考上大学，大学时期追求过很多女生都没成功。前者给听众带来激励，后者给听众带来共鸣和宽慰。假设俞敏洪不讲自己的亲身经历，演讲效果会大打折扣。

如果你搜肠刮肚，找不到值得分享的故事，那要反思一下是不是自己的经历太少？要成为有故事的人，就要努力读万卷书、行万里路、阅无数人。有阅历的人，一定有值得分享的故事。我们要努力成为有故事的人，过有故事的人生。

以下是我总结的人人必备的6个类型的故事，你可以对照着梳理自己的故事素材：

1.成功经历

这类故事最常见，也非常适合公开演讲，可以彰显实力，让别人佩服你、信任你。适用场景：社交聚会，面对客户、合作伙伴、同事等。

比如，我在讲课前自我介绍时，会讲自己专职从事演讲培训工作5年，出过一本演讲书，服务过的客户包括200多家企事业单位、4000多位学员。

2. 失败经历

失败、尴尬、糗事等相对负面的经历，也是重要的故事素材。演讲者通过展示脆弱，能够引起听众的共情，从而和听众拉近心理距离。适用场景：亲友聚会、和同事交流、自我介绍等。

很多人不愿意暴露自己的失败经历，其实只要对你的人设没有致命的伤害，就可以大胆地讲出来。心理学有一个研究表明，比起十分完美、成功的人，成功且有一些瑕疵的人更受大众的欢迎。所以领导在下属面前讲讲自己曾经遭遇过的失败，反而会让下属更敬重领导；父母在孩子面前分享自己的失败和脆弱，会让孩子感受到父母的真诚，从而更愿意和父母交流。

3. 价值观故事

通过讲价值观故事，说明什么对自己很重要，传递信念和力量。适用场景：社交，工作场合，创业路演等。

比如，星巴克的创始人舒尔茨经常讲自己的经历，他说自己小时候家里很穷，父亲有一次在工作时不小心摔断了腿，需要在家休养。因为父亲是临时工，没有医疗保险，所以只能自己花钱治疗，而且这段时间还没有收入，父母向身边的亲戚朋友借钱，艰难度日。那时候舒尔茨就想，如果自己将来有机会招募员工，一定要给他们提供最好的保障。所以后来星巴克给包括临时工在内的每个员工都提供了医疗保险。舒尔茨通过这个故事传递了自己和企业的价值观——要对员工好，对员工负责。

4. 初心和使命

你为什么从事现在的工作，为什么有某种爱好，希望创造什么价值，背后有什么特殊的经历。适用场景：社交、创业路演、工作交流（面对客户和同事）等。

比如，我的一位学员在平安人寿工作，他分享自己从事保险工作的经历让我非常感动。当年他开淘宝店，生意做得挺好，但是因为母亲被查出癌症晚期，他不得不停掉生意去陪伴和照顾母亲，这期间他需要找一份时间自由、又有成长空间的工作。于是就来到了平安人寿，逐渐在保险行业站稳了脚跟，母亲去世前对他停掉过去的生意感到愧疚，但对他的新工作也表示欣慰和支持。他说自己的使命就是给 1000 户家庭建立保障，不惧风险。

5. 改变的故事

你因为什么而改变，通过这类故事说明自己的追求和志向。适用场景：社交、亲友聚会、求职、演讲等。

比如，一个减肥成功的人可以分享自己当初开始减肥的契机，可能是身体健康出现问题，也可能是想追求一个女神，总之这种改变、前后有对比的故事非常值得分享。

在演讲培训班里，有很多学员会分享自己过去公开演讲出丑的经历，从那以后决心改变，来参加演讲学习，这类故事能够引起现场其他同学的共鸣，也表明了演讲者的积极追求。

6. 帮助客户的故事

体现自己（或公司）的价值，一个真实客户的成功案例就是最好的宣传。适用场景：面对客户、合作伙伴、同事等。

比如，2014 年阿里巴巴在美国纽交所上市，敲钟的不是马云和股东，而是包括淘宝店主、快递员在内的 8 位普通人。马云说："敲响我们上市钟声的将是和我们阿里巴巴合作多年的 8 位客户，因为只有客户成功了，我们才会成功。"这个举动迅速引起了媒体的关注，8 位客户的故事被广泛传播，进而宣扬了阿里巴巴成就客户的企业文化。

第二种，身边人的故事。

身边的家人、亲戚、朋友、同学、同事、客户，都能成为故事素材的来源，而且这些故事对听众来说一定是新鲜的、没听过的。

我在课堂上为了鼓励大家学好演讲，会讲往期学员学习演讲带来好结果的案例。比如，一位国企的中层干部曾经害怕演讲，不敢在自己女儿的家长会上发言，给领导汇报工作时声音发抖，后来通过半年的学习，收获了演讲自信，还通过竞选演讲得到了晋升。一个学员考当地的小学老师，好几次都通过了笔试，但面试通不过。后来参加我们的演讲训练营，提升了口才和自信，最终通过面试，如愿成为一名小学老师。

　　我们要做一个有心人，在和身边人交往时，把别人身上的闪光点、好故事记下来。尤其在职场中，更要有意识收集所在单位的故事案例，比如老板、优秀同事、客户、合作伙伴等人的故事，成为在工作中演讲的素材来源。

　　第三种，古今中外的各种故事。

　　为了说明观点、吸引听众，让演讲更有趣味性和说服力，我们可以讲古今中外的任何故事，比如名人故事、历史事件、寓言等。

　　这需要我们不断学习和积累，看到好的故事就记下来。我个人的习惯是用手机软件建一个故事素材库，平时看到有趣的故事就写下来，或者拍照保存。

　　比如，为了说明这样一个观点——和别人交朋友的方式之一就是请他帮自己一个忙，可以讲本杰明·富兰克林的一个小故事。

　　美国的开国元勋之一本杰明·富兰克林，年轻时到费城闯荡，还没什么名气，他想结交一位大佬，但是人家根本不搭理他，可谓是热脸贴冷屁股。一个偶然的机会，富兰克林得知大佬有一本罕见的书，于是提出借阅这本书，大佬居然答应了。一来二去两个人熟悉了起来，后来大佬帮了富兰克林很多忙，他们也成为终生的好朋友。

　　这个故事是我在读《富兰克林自传》这本书时看到的，深受启发，也希望分享给更多人，给别人带来启示。

　　俞敏洪在演讲中经常提到的一个人物是他 500 多年前的邻居，也是他非常敬佩的一个人——徐霞客，来说明自己梦想走出地平线，走遍全世界的志向。此外，俞老师还经常讲到王阳明、苏东坡、曾国藩、刘备、刘邦、项羽、姜子牙、乔布斯等人。

　　如果我们想让自己的演讲更有厚度和内涵，就要多读书、勤思考，把历史人物的故事融入自己的演讲中。

如何讲好一个故事

我的演讲培训班里一位学员讲过一个感人至深的故事：

我一直以为父亲是不爱我的，他不苟言笑，时常板着脸。他经常说："你要这么做，你不应该这么做。"我早已经厌倦了父亲的管教，为了脱离父亲，高考填志愿，我选择了一个离家远的城市。父亲送我到大学报到，到了大学，我像脱离鸟笼的小鸟，兴奋地打量周围的一切，全然不顾父亲的黯然神伤。他默不作声，最后丢下一句"以后照顾好自己"，便转身离去。我叫住父亲，他转过身，脸上有泪痕，那一刻我的心被刺痛了，我似乎读懂了父亲。

接下来的日子，我并没有想象中兴奋，我开始尝试着去重新认识父亲、了解父亲。我给他写信，把十几年的心里话都写在信里，从儿时一直到青春年少。很快父亲回了信，他在信里称我为亲爱的女儿。一来一去，一个学期里，我和父亲写了差不多有10封信，心结打开了，我和父亲的关系也得到了修补。我和他之间时常开一些玩笑，我经常说："小时候，你给我喂饭，到最后把面条全都打翻在地上，你还生气。"父亲笑着："嘿嘿，我也是第一次当父亲。"

我一直庆幸还有机会能够重新走近父亲，但也不幸，这种机会只给了我13年，13年后父亲离开了我。他走之前常对人讲，他有世界上最好的女儿。其实我何尝不是，我有世界上最好的父亲。

这个故事蕴含着真挚的父女情深，同时也运用了讲故事的技巧，接下来我会为你剖析。

故事的三要素：

1.背景（时间、地点、人物）

故事的时间、地点、人物就是背景，把听众带入某个场景中。比如，很久很久以前，有一座山，山上有座庙，庙里有一个和尚……

开头的故事中，背景就是演讲者自己和父亲、大学报到，几句话就描绘出一幅具体的画面。

2. 冲突（困难、问题、敌人）

冲突是故事的灵魂，一个故事如果没有冲突，就如同白开水一样没有味道。

冲突可以是大灾大难，比如电影《泰坦尼克号》里船舶倾覆、生离死别；冲突也可以是小困难、小问题，比如领导的一句批评、和孩子的一次争吵、开车被追尾等。总之，故事要有情节的起伏变化，才能扣人心弦。

开头的故事中，冲突就是女儿想逃离父亲、父亲舍不得女儿，父亲落泪、女儿伤神，让听众仿佛置身其中，想知道这对父女后来的情况，同时也会回想起自己和父母相处的场景。

这就是冲突的魔力，它给平淡无奇的白开水加了一剂猛药，或甜或苦，或咸或辣。

3. 结局（冲突结果、体会感想）

故事的结局包括两部分：

第一是冲突之后的结果。比如开头的故事中，父女俩通过写信和好如初，但是后来父亲走了。

第二是演讲者的感想和体会、希望通过这个故事传递的观点或道理。开头的故事中，最后几句话就是这个意思，父亲有最好的女儿，女儿有最好的父亲，父女俩感情深厚，让人感叹父母和子女的亲情，想起自己的父母或孩子。

在讲故事时，结局的第二点（体会感想）容易被忽略，这是故事的画龙点睛之笔，要让听众不仅听到故事本身，同时还能从故事中领悟一个道理。

故事的三种亮点：

一个精彩的故事除了三要素之外，还需要有具体的亮点，这里介绍故事的三种亮点：细节、数字、对话。

1. 细节（画面感）

细节让故事有画面感，没有细节的故事就像对焦不准的照相机拍出来的照片，让人感觉模糊不清。打动听众需要有细节。

比如开头的故事，如果这样讲，就失去了吸引力：

我和父亲之间原本有隔阂，我一直以为他不爱我，但是有一次父亲送我上大学，我才发现父亲是爱我的。后来我们通过写信，互相谅解了，我们父女的关系得到了修复。

这种讲法虽然也有背景、冲突和结局，但是让人无感，因为缺少细节。讲故事要像拍电影一样，把关键细节展现得清清楚楚，比如：人物的表情、动作、对话、心理活动，周围的环境等。

父爱无言，他送我上大学时，叮嘱我照顾好自己，转身就走了。就不如，他默不作声，最后丢下一句"以后照顾好自己"，便转身离去。我叫住父亲，他转过身，脸上有泪痕。

需要注意，和你要传递的观点无关的细节不要讲，更不能流水账式地罗列。这不会打动听众，只会让听众感到啰唆、没有头绪。

2. 数字（真实感）

数字让故事有真实感和说服力，人对数字是敏感的，当你真诚淡定地运用数字时，听众会觉得这个故事真实、确凿。

比如，我有一位学员在演讲中说道：那个冬天的夜晚，我来到了郑州汽车站，用身上仅有的 216 元现金去窗口买票，工作人员问："去哪里"，我说："我只有 216 块钱，能去哪里？"对方说："到杭州，去不去？"我说："去！"这个故事里的"216 元"就运用得很好，如果只是说自己身上钱不多了，那么故事想反映的窘迫情况就体现不出来。

开头的故事里，演讲者讲到了"10 封信""13 年"这些数字，让听众有具体的感知。

真实的故事更能打动人，而数字能增加故事的真实性。

3. 对话（代入感）

为什么评书能让听众有身临其境的感觉？说书人运用的一个关键技巧就是对话，把故事用对话形式演绎出来，听众就会情不自禁地进入那个场景，就像我们看电影、看小说一样。

开头的故事里，对话运用得非常好：

他经常说："你要这么做，你不应该这么做"……我经常说："小时候，你给我喂饭，到最后把面条全都打翻在地上，你还生气。"父亲笑着："嘿嘿，我也是第一次当父亲。"

这些对话让故事具有场景感，也让人物活灵活现。同时演讲者在模拟对话时，可以充分调动表情、手势等身体语言，以及语气、语调等声音变化，让故事更具趣味性和吸引力。

我们看一个对比案例：

无对话版本：有这样一个故事，公司一个员工跑去问CEO，说自己在公司工作都十年了，为什么工资一直不涨呢？CEO说他确实在公司工作了十年，但只是一年的工作经验重复了十年，能力并没有多少长进。朋友们，我们身边有多少这样的例子，一年的工作经验重复了十年，十多年能力没有长进。

有对话版本：有这样一个故事，公司一个员工跑去问CEO："（语气怨恨）老板，我在公司工作都十年了，为什么工资一直不涨呢？"CEO说："（语气稳重有力）你确实在公司工作十年了，可你的工作经验不是十年，而是一年的工作经验重复了十年，能力并没有多少长进。"（语气惋惜、带有启发）朋友们，我们身边有多少这样的例子，一年的工作经验重复了十年，十多年能力都没有长进。

演讲，包括"表演"和"讲话"，模拟对话就是一种非常重要的"表演"。

精彩的故事还有其他亮点，比如：金句、笑点、泪点、停顿和节奏等，可阅读本书其他章节，这里不再赘述。

以上就是故事的三要素和三种亮点，希望对你有用，也祝愿你成为讲故事的高手！

如何让演讲语言通俗易懂

法国哲学家阿兰说：抽象的风格总是不好的，在你的句子里，应该全是石头、金属、椅子、桌子、动物、男人和女人。

作为一个演讲培训师，我非常赞同这句话。要想让别人喜欢听你的演讲，语言通俗易懂是必要条件，晦涩的理论、抽象的说教会把听众拒之门外。

演讲语言要通俗易懂，可以从以下五个方面入手：

1. 讲故事

故事是最通俗易懂的演讲内容，因为故事天然具有情节清晰、语言生动、画面感强、引起好奇等作用。所以要做好演讲、吸引听众，你要会讲故事，多讲故事。讲故事的方法请参考前文内容，这里不再赘述。

2. 举例子

例子和故事的区别在于：故事往往较长，有完整的背景、情节和结果；但是例子可以很短，甚至一两句话就能说清楚。

比如，新东方创始人俞敏洪是一个非常励志的企业家、人生导师，可以用他的故事来激励听众坚持奋斗，但是如果时间有限，不方便展开讲故事细节，我们可以举简单的例子。比如举例子说：俞敏洪参加三次高考，终于考上北京大学，上大学期间也非常普通，成绩排在班级倒数第一，但是这并不妨碍他持续努力，成就一番事业，所以一个资质平平的人通过长期奋斗一定能有所成就。

举例子有两个作用：解释概念，让语言更具体。

所以你在讲一个抽象概念时，举例子是帮助听众理解的最佳武器。比如，5G 网络是第五代移动通信网络，其峰值理论传输速度可达每秒数 10Gb，比 4G 网络的传输速度快数百倍。（举例子）举例来说，一部 1G 超高画质电影可在 3 秒之内下载完成。

另外，举例子也能让你的语言更具体，也就是更接地气。有些人演讲很枯燥、没话可讲，而有些人演讲生动形象、津津乐道，区别就在于后者会讲大量的故事和例子。

比如，我非常喜欢读书，读书是我最大的兴趣爱好，我平时的业余时间都用来读书。以上这段话就不接地气，缺乏具体的例子，高手可能会这样说：我最大的爱好就是读书，（举例子）每天至少读书两小时，出差时我会在行李箱塞两本书。有一次在机场候机时读一本小说，非常入迷，广播里叫我的名字，我都没听见，乃至错过了登机。哈哈，我真是个不折不扣的书迷。

其实写作也是一个道理，我们这本书的理论知识加起来可能不到10页，其他全是故事和例子，这样的语言才通俗易懂。

3. 口语化

有学员说：我没有文采，我的文笔不好，是不是就做不好演讲了？

哪有这个道理！你只要会聊天，会讲故事，你就能演讲。演讲不是写作，也不是朗读，而是一种稍显正式的口语表达，本质上还是口头语言，所以不需要你展现出华丽的辞藻、优美的词语、深奥的哲理，这些书面语言用口头形式表达出来，会非常生硬。

幸福，这个最简单的词汇，却成为很多人苦苦追寻的目标。当物资的繁华迷乱了我们的双眼时，我们渐渐遗忘了幸福的痕迹。其实，幸福一直都很简单，只要我们用一颗简单的心去简单的生活，幸福就会像晨间的雨露闪烁在最嫩的芽尖，给你最葱绿的希望。

上面这段话作为散文是挺好的，但是作为演讲稿就不合适了，因为演讲者很难记住这些台词，听众听起来也无感，这些词句适合书面表达，但不适合人们的日常听觉系统。关于幸福的话题，演讲者完全可以这样讲：

我们每个人都希望获得幸福，比如考一个好学校、找一份好工作。这是人之常情，但是我们在追逐幸福的过程中很容易遗忘它本来的样子。幸福其实很简单，早上起来喝一杯热豆浆，出门看到路边的花花草草，陌生人一个善意的微笑，这些都是幸福。用心感受生活，其实幸福一直都在你身边。

所以在演讲中要避免使用大量书面语言，除了少数金句、引言、道理外，其他大部分内容都适合使用日常口语。

其次，演讲中要谨慎使用专业术语。面对同行，使用专业术语是理所当然的。但是面对外行，一定要谨慎，你眼中简单的词汇，在别人听起来可能就是天书。所以面对外行、普通人演讲时，尽量避免专业术语，如果要用，就进行解释。

百度网盘是百度推出的一项云存储服务，首次注册即有机会获得 2T 空间，已覆盖主流 PC 和手机操作系统，包含 Web 版、Windows 版、Mac 版、Android 版、iPhone 版和 Windows Phone 版。用户可以轻松将自己的文件上传到网盘上，并可跨终端随时随地查看和分享。

这段话在互联网圈内讲没问题，但是讲给外行听，就要用大白话说。

百度网盘就好比一个网络优盘，可以把你的资料存储在网上，第一次注册就有 2T 空间，相当于 2000 部电影的存储量。手机和电脑上都能操作，通过网页或者软件就能上传和下载资料，非常方便。

4. 画面感

神经心理学的研究表明，人的爬行脑（控制人的本能）更加喜欢视觉化的信息，而不是抽象的信息。

古代没有电视技术，人们听《水浒传》《三国演义》等评书时，脑海里会浮现出一幅幅画面——千军万马、英雄救美、山川河流，所以乐在其中、如痴如醉。这就是画面感的魔力，大脑天生喜欢画面感。

所以，如果你的语言能在听众脑海里形成一幅幅画面，那么演讲会更有吸引力和感染力。

那么怎样使语言具有画面感呢？从"五觉"入手：视觉、听觉、嗅觉、味觉、触觉。把你看到的、听到的、闻到的、尝到的、触碰到的讲出来，就有画面感了。

周日早上，我 8 点才醒来，打开卧室的门，就闻到一股香味，我到厨房一看，老婆戴着围裙和口罩正在煎鸡蛋，伴随着"滋滋"的声音，她熟练地翻着鸡蛋。我去洗脸刷牙，然后听见老婆说："吃饭了。"哇！餐桌上有煎鸡蛋、豆浆、包子，都是我最爱吃的，我咬了一口煎蛋，香酥可口，咸淡适中。我握住老婆的手说："媳妇儿，你真好。"我们相视一笑，多么美好的周末啊！

人有 80% 以上的信息是通过眼睛来获取的，所以"五觉"中重点还是视觉描述，表达视觉的技巧是多说动词和名词。比如下面这些有画面感的语句：

枯藤老树昏鸦，小桥流水人家，古道西风瘦马。夕阳西下，断肠人在天涯。

你写 PPT 时，阿拉斯加的鳕鱼正跃出水面；你看报表时，梅里雪山的金丝猴刚好爬上树尖。你挤进地铁时，西藏的山鹰一直盘旋云端；你在会议中吵架时，尼泊尔的背包客一起端起酒杯坐在火堆旁。

我再向外看时，他已抱了朱红的橘子往回走了。过铁道时，他先将橘子散放在地上，自己慢慢爬下，再抱起橘子走。到这边时，我赶紧去搀他。他和我走到车上，将橘子一股脑儿放在我的皮大衣上。（选自朱自清的散文《背影》）

你如果希望强调某个数据，可以把数据描绘成一幅画面，这样别人会印象深刻。

比如某奶茶广告：一年卖出 10 亿杯，杯子连起来可绕地球三圈。这句广告之所以成为经典，就是因为一个抽象的数据被描绘成了一幅画面，让消费者感受到它的销量之大。

5. 打比方

打比方（比喻、类比），也是让语言通俗易懂的常见手段。比如，马云说"'大材小用'就像是'波音飞机的引擎装在了拖拉机上'"；雷军说"在风口上，猪也能飞起来"。

打比方的具体作用和技巧，请参考下文《类比是演讲者必备的修辞》，这里不再赘述。

以上就是让语言通俗易懂的五种方法：讲故事、举例子、口语化、画面感、打比方。

其实这些都是人们在日常说话中的习惯，但是上台后却变成了另外一个自己，讲话变得抽象、生硬。一方面是因为紧张，另一方面缺乏让语言通俗易懂的意识和技巧。

古希腊哲学家亚里士多德号召领导者说话时：要像智者一样思考，像常人一样说话。也就是说，我们的思考可以"深入"，但是表达一定要"浅出"。

▷ 类比是演讲者必备的修辞

曾经有一些人向我咨询：参加两天演讲课，能不能学会演讲？

我的回答是：参加两天演讲课，就好比花两天时间考了一个驾照，此时你能说自己会开车吗？或许能，或许不能，反正一定不是老司机。之后还需要持续开车上路，一段时间后熟能生巧，就能熟练掌握开车。两天演讲课的作用是类似的，可以学习并体验专业的演讲技巧，为今后公开表达提供指导和帮助，课后还需要持续练习和实践，才能成为演讲"老司机"。

以上就是一个类比，能帮助我说明观点，如果没有这个类比，也许我解释半天，对方都不一定能理解。所以，我认为演讲中最重要的修辞就是类比，也就是打比方。

什么是类比？

类比就是：用他人熟悉的事物 B 来类推和比较其不熟悉的事物 A，从而达到解释和说明的作用。

其实，类比在人类的认知和学习中随处可见，比如，"桌腿"这个词，桌子本没有腿，但是人类为了更好地认识世界，把人身上"腿"的概念引申到桌子，才有了"桌腿"这样的词。这样的类比还有很多，比如，山头、山腰、泉眼、河床、电脑、鼠标、页眉、页脚、虎头蛇尾、一山不容二虎等。

在演讲中为什么要使用类比？因为类比有三大作用：

1. 解释概念

这是类比最基础、最常见的作用，小学课本里写到"小明的脸红得像树上的红苹果"，就是在解释小明的脸有多么红。

假如一个美国人来中国，你向他介绍中国的互联网公司，使用类比，就能让对方迅速了解。比如，"微信"就好比美国的"Facebook"，"微博"就好比美国的"Twitter"，"滴滴打车"就是中国版的"Uber"。

我曾经听阿里巴巴的一位讲师介绍阿里云，他说："阿里云提供的云服务，就像水和电一样，每个家庭、每个单位不需要自己挖井，不需要自己发电，直接从公共部门购买水和电就行；同样，每个单位不需要自建服务器，直接从阿里云购买云服务就行。"这个类比向客户很好地解释了阿里云的概念。

张伯礼解释中医如何治疗新冠肺炎时，用了一个类比，非常形象，他说："一个房间有些垃圾，招了虫子，有人就研究杀虫剂。我们中医既不研究虫子，也不研究杀虫剂，我们研究这堆垃圾，把垃圾清理出去，屋里就没有虫子了。就这么个道理，中医治病，就是帮助清理人体内的垃圾，把人体的免疫功能调节到最佳状态。"这个类比让普通人也能了解专业的医学知识。

2. 强调重点

有时候我们希望别人能理解并记住我们想表达的重点，可以用类比进行强调，让别人印象更深刻。

比如，李一诺在《比尔·盖茨怎么花钱》这个演讲中说道："2000 年有 1200 万儿童去世，相当于每天有 60 架载着 550 人的空客 A380 飞机失事，全部死亡。"这句话的重点是 1200 万，李一诺希望听众意识到这个数量是多么可怕，但是人们对于 1200 万又没什么概念，所以她用大家熟知的事物做了一个类比，让人感知到这个数量是多么惊人和可怕。

苹果第一代 iPod 发布于 2001 年，功能类似于同时期的 MP3、随身听和 CD 机，iPod 是同容量中体积最小、同体积中容量最大的。它有 5GB 存储空间，但是消费者不懂 5GB 的容量是什么概念。乔布斯说："这就相当于把 1000 首歌装进你的口袋。"这个绝妙的类比，让人们记住了 iPod 存储空间大，以及携带方便的优点。

3. 增强说服

类比也可以起到说服的作用，一个人对事物 A 不了解，当然就谈不上信服，那么可以用其熟悉的事物 B 来类比，从而让对方理解和信服。

常见的劝说性俗语中就有大量类比，比如：天有不测风云，人有旦夕祸福；天无一月雨，人无一世穷；一个篱笆三个桩，一个好汉三个帮；小树要砍，小孩要管；财多惹祸，树大招风；人要脸，树要皮。

《战国策》中有一篇《邹忌讽齐王纳谏》，大臣邹忌劝说齐王广开言路，是运用类比劝说的典范。文章大意是：邹忌认为自己没有美男子徐公帅，但是妻子、小妾、门客都说他比徐公帅，邹忌意识到自己被蒙蔽了。邹忌对齐王说："妻子偏爱我，小妾害怕我，门客有求于我，所以他们会蒙蔽我；大王，您的情况也类似，身边的大臣和嫔妃偏爱您，文武百官害怕您，全国的百姓有求于您，所以他们也会蒙蔽您啊。"齐王被邹忌说服，决定广开言路。

乔布斯是运用类比劝说的高手。2003 年，记者向乔布斯提问："苹果手机的市场份额卡在 5%，你怎么看？"乔布斯回答："我们的市场份额比宝马或奔驰在汽车行业的市场份额还要大，事实上，没有人认为宝马、奔驰没有竞争优势，它们都是消费者向往的产品。"

李笑来劝别人珍惜时间，经常做这样一个类比：想象一下，有一家银行，每天往你的账户充值 1440 块钱，如果你觉得不够，对不起，就那么多；如果你没花完，对不起，第二天虽然还会给你再次充值 1440 块钱，但前一天没花完的钱会清零。在这种情况下，你的最佳策略是什么？其实，还真有一家这样的银行，它的名字是"时间"，每个人每天都有 1440 分钟，如果你觉得不够，对不起，就那么多；如果你竟然没花完，对不起，第二天虽然还会给你再次充值 1440 分钟，但前一天没花完的会清零。

理解了类比的作用，我们就知道在演讲中何时使用类比：

一是解释概念时，尤其是向外行解释专业领域的事物。

二是强调重点时，希望帮助他人加深印象。

三是说服他人时，巧妙运用类比，引起他人共鸣。

怎样进行类比？

进行类比时，可以参考以下三步进行思考和表达。第一步，思考事物 A 的主要特点是什么；第二步，联想别人熟悉的事物 B 和事物 A 的相似特点；第三步，用事物 B 来解释事物 A。前两步是思考过程，最后一步是表达结果。

就像我开头的例子，别人问我两天能不能学会演讲。我的类比过程是：第一步，我认为演讲这个事物 A 的主要特点就是要学方法、勤练习；第二步，有什么事物 B 也需要学方法、勤练习？有很多，几乎所有技能都需要方法和练习，那么我就根据对方的背景来列举他熟悉的事物。如果对方是小孩子，我会拿骑自行车作为事物 B；如果对方是成年人，我一般会拿开车作为事物 B，当然也可以根据对方的职业举别的例子；第三步，我就可以说"这就相当于……"或者"就好比……"

最后，我用一个类比来结束这篇文章。在演讲中用好类比，需要平时勤于思考，留意和学习精彩、绝妙的类比。这就好比一个人如果想精进厨艺，就要多学习和整理好的菜谱，加以实践。

马云有个特别助理，专门帮助他收集互联网上精彩的段子；罗永浩电脑上有一个文件夹，专门用于储备发布会用的语料；罗振宇也有个笔记本，专门记录杀手级的金句。

总之，功夫在平时。

如何提出一个好问题

演讲中通过提问可以和观众更好地互动，生活中通过提问可以和别人更好地沟通。但是有一些朋友却不知道怎么提问，想半天也提不出一个好问题。

其实，做事效率高的人往往有相关的思维模型，别人还在一筹莫展的时候，有模型的人已经知道该怎么做了。提问也不例外，使用提问模型能帮助我们快速整理出一系列好问题。

这个提问模型就是"ORID"，包括四个步骤：

Objective 客观性问题：即通过感官获取的客观事实有哪些，把看到、听到的东西都描述出来。

Reflective 反应性问题：即个体对客观事实的心理反应，有何感受、心情、情绪、联想等。

Interpretive 解释性问题：基于上面两个层次的问题，加入引导性问题引发思考，进行深度探讨，有何评价、理解、启发等。

Decisional 决定性问题：下一步的计划和行动是什么？形成决定。

为什么要按照 ORID 四步来提问呢？

因为它符合人本能的思维习惯，比如，一个小孩不小心碰到一壶热水，被烫了一下，他的思维过程是这样的：热水（O 客观）烫的我好疼（R 反应），是谁放在这里的？这个热水壶为什么这么烫（I 解释）？我以后一定要小心点，再也不碰热水壶了（D 决定）。

你在马路上走着，突然看到一辆摩托车迎面冲了过来，你的思维和行动过程是这样的：啊！摩托车冲了过来（O 客观），太危险了，我好害怕（R 反应）。可能会撞到我，撞到我就麻烦了，好疼，还可能会受伤、骨折（I 解释），我得赶紧躲开，往左还是往右？往右吧（D 决定）！

既然这是人本能的思维习惯，我们就可以通过 ORID 四类提问来引导对方一步步思考。这四类问题由浅入深，由表及里，由客观到主观，由想法到行动。既能用于自己思考问题，也能用于向他人提问、引导思考。

ORID 在不同场景中的应用举例：

1. 演讲

演讲中向观众提问，能吸引注意力和引发思考。比如，关于"读书"这个主题，我们可以提出的问题有：大家喜欢读书吗（R 反应）？大家平时读什么书（O 客观）？今年读了几本书（O 客观）？我们为什么要读书（I 解释）？读书能带给我们什么（I 解释）？接下来你有什么读书目标（D 决定）？

可以看出，以上问题中，客观性和反应性问题比较好回答，容易产生互动。所以我们在演讲时，开头和观众不那么熟悉的情况下，最好提一些相对简单的问题、封闭式问题（比如，你去年读了多少本书）。随着演讲的逐步推进，再提出抽象问题、行动类问题（比如，人为什么要读书）。

2. 培训

培训中最常见的互动方式就是提问，讲师提出问题，引发学员的思考和讨论，然后讲师进行总结，这是讲课的常用模式。

讲师在培训中向学员提问，同样可以使用 ORID 模型。比如，我在讲授演讲课时，开头会这样提问：大家平时在什么场合下需要一对多公开演讲（O 客观）？在这些演讲场合中你有哪些疑问、痛点（R 反应）？我们为什么要学习演讲（I 解释）？课程最后，我会邀请学员上台分享，提出的问题是：本次课程中你印象最深刻的是什么（O 客观）？你有什么感想和体会（R 反应，I 解释）？接下来你会怎样实践、行动（D 决定）？

在培训中，如果担心学员不回应，可以多提出客观性问题。比如，目标是什么（I 解释）？你在工作和生活中有哪些小目标（O 客观）？以上两个问题，明显后者更容易引起回应。再比如，本次课程你有什么收获（I 解释）？本次课程中你有哪些印象深刻的地方（O 客观）？同样后者更容易引起回应。

我们自己参加培训学习后，也可以用 ORID 做学习总结，向自己发问：这次课程我学到了哪些知识（O 客观）？我对课程的感觉和体验怎么样（R 反应）？这次课程对我有哪些启发、帮助（I 解释）？接下来我可以怎样应用？制定什么目标（D 决定）？

3. 工作总结

职场人经常需要做工作总结：周总结、月总结、季度总结、年度总结，有些朋友可能被这些总结伤透了脑筋，以后 ORID 可以帮助你高效梳理。

在工作总结中，问自己四类问题，然后写出你的回答：

O 客观：这段时间我做了什么工作？有哪些成就、失败、印象深刻的事？

R 反应：我的心情、感受如何？有哪些让我感到开心、骄傲、愤怒、沮丧的时刻？

I 解释：我获得了哪些成长？有哪些收获？成功或失败背后的原因是什么？有哪些经验和教训可以总结？

D 决定：接下来我会怎么做？有哪些计划、目标？

4. 日常沟通

生活中和身边人聊天，也需要具备提问的能力，才能深入交流、聊出趣味。

比如，你赞美一位同事 PPT 做得好，如果只是夸奖一番，那这次聊天也就在融洽的氛围中结束了，但如果你能提出一个好问题，比如"PPT 这么漂亮，请问你是怎么做到的"（I 解释），这不仅会引发对方的思考，激发他总结经验，同时还能给你带来宝贵的价值，双方都能获得成长。

你接孩子放学，在路上聊天，你就可以这样提问：今天在学校里上了什么课呀（O 客观）？你最喜欢哪门课（R 反应）？为什么喜欢这门课呢（I 解释）？你从中学到了什么呢（I 解释）？你觉得这些知识以后可以怎样运用（D 决定）？

模型在手，提问不愁。这个世界上有很多好答案在等着好问题，用 ORID 模型来提问吧！

金句让演讲闪闪发光

金句就像钻戒上的那颗钻石，钻石让戒指价值倍增，金句让演讲闪闪发光。

你演讲的大部分内容，听众很快就会忘记，最终别人能记住一两句话、一两个故事，就已经很好了。这一两句话可能是你的观点、干货，也可能是金句。

什么是金句？就是那些让人印象深刻、引起思想共鸣的语言。

金句的三个特点：

1. 引起共鸣，带来启发

这是金句成立的前提，如果一个人没有相关的生活体验和阅历，可能对一个金句就无感。比如，走过必须走的路，才能走想走的路。相信有一定人生阅历的朋友对这句话会有共鸣，但是对于一个涉世未深的未成年人来说，可能就没什么感触。

2. 短小精悍，便于记忆

能让人们记住的，才是好金句，所以金句要简短、有力量。比如：打土豪，分田地；人如果没有梦想，和咸鱼有什么区别；这是最好的时代，也是最坏的时代。

3. 朗朗上口，便于传播

有穿透力、广泛流行的金句除了满足以上两个条件外，通常还有一定韵律感、节奏感，可能押韵、重复强调，也可能通俗易懂、有画面感。比如：大家好，才是真的好；道路千万条，安全第一条；相爱看五官，相处看三观；幸运的人用童年治愈一生，不幸的人用一生治愈童年。

金句的几个来源：

金句主要靠收集和整理，其次是靠改编和创造。创造需要灵感，而灵感可遇不可求，所以我们要做一个有心人，平时注重收集好的金句，需要的时候从自己的"金句库"中选取，不能"书到用时方恨少"。

金句的收集途径有以下几种：

1. 名人名言

名人说过的话自带光环，可以借用这些话表达我们的价值主张。比如：

今天很残酷，明天更残酷，后天很美好，但绝大多数人死在了明天晚上。——马云

做生活的导演，不成；次之，做演员；再次之，做观众。——木心

心小了，所有的小事就大了；心大了，所有的大事就小了。——丰子恺

每一个不曾起舞的日子，都是对生命的辜负。——尼采

一个人最大的幸运，莫过于在自己年富力强的时候，找到了人生的使命。——茨威格

在我年轻的时候，曾以为金钱是世界上最重要的东西。现在我老了，才知道的确如此。——王尔德

2. 书籍、古诗词

古诗词是天然的金句，本身就有美感和意境。另外，读书时看到好的句子，也可以记录下来。比如：

路漫漫其修远兮，吾将上下而求索。——屈原《离骚》

江山代有才人出，各领风骚数百年。——赵翼《论诗五首·其二》

己所不欲，勿施于人。——孔子《论语》

有道无术，术尚可求；有术无道，止于术。——老子《道德经》

给岁月以文明，而不是给文明以岁月。——刘慈欣《三体》

我用尽了全力，过着平凡的一生。——毛姆《月亮与六便士》

3. 影视剧

人们喜欢看电影、电视剧，其中脍炙人口的金句往往被津津乐道。比如：

人生就像一盒巧克力，你永远不知道下一颗是什么味道。——《阿甘正传》

死亡不是生命的终点，遗忘才是。——《寻梦环游记》

世界上只有一种病，那就是穷病。——《我不是药神》

希望是一件好事，也许是世上最好的事。——《肖申克的救赎》

上天没有给你想要的，不是因为你不配，而是你值得拥有更好的。——《乱世佳人》

众生之爱皆是爱，没有大小之分。——《西游降魔篇》

4.广告、歌词

从脑白金的经典广告，到"小苹果"等神曲，这些语句在我们的眼前或耳边反复出现，从而达到了"洗脑"的效果，是不折不扣的金句。比如：

一切皆有可能。——李宁

平时注入一滴水，难时拥有太平洋。——太平洋保险

自律给我自由。——Keep

农夫山泉有点甜。——农夫山泉

确认过眼神，我遇上对的人。——林俊杰《醉赤壁》

有多少爱可以重来，有多少人愿意等待。——迪克牛仔《有多少爱可以重来》

后来，我总算学会了如何去爱，可惜你早已远去，消失在人海。——刘若英《后来》

5.对仗句

前后字数一致的对仗句，具有短小精悍、朗朗上口等特点，如果还能押韵，会更加精彩。比如：

方向不对，努力白费。

男女搭配，干活不累。

踩过的坑，前行的灯。

凡是过往，皆为序章。

生死看淡，不服就干。

口袋可以穷，脑袋不能穷。

学习不付费，一直学不会。

看破不说破，才能往下过。

演讲练就口才，自信成就梦想。

6. 其他

生活中不缺乏金句，只是缺乏发现和收集金句的习惯，做个有心人，处处都是能启迪智慧的金句。

有一次我坐地铁，发现网易云音乐做的广告，其中有一句话是"理想就是离乡"，好句子！还有一次路过一家健身房，门口橱窗上写了一句标语"没有好看的衣服，只有好看的身材"，让人瞬间产生想健身的动力，这就是金句的魔力。在听别人演讲时，我记下了这样一句话：走出去，你的世界就在眼前；不走出去，你的眼前就是世界。

金句让演讲闪闪发亮，金句也会让文章闪闪发亮。最后，这篇文章也以金句结束。

尼采说：对待生命不妨大胆一点，因为我们始终要失去它。

我们做人做事，都要勇敢一点，这样才对得起几十年光阴，不枉来人间走一趟。

这是我收集整理的
金句"银行"
欢迎扫码查看，整存零取

如何取演讲标题

在如今的自媒体时代，"标题党"十分流行，人们被各种各样的标题所吸引，进而打开相关的文章、视频、广告链接。可以说，有吸引力的标题在传播时起着关键作用。

同样道理，我们发表演讲时也要取一个高质量的标题，才能更好地吸引观众，从而在你开口之前，观众就已经对你的演讲产生了期待和兴趣。

下面是 TED 官网上点击量最高的六个演讲视频的标题：《学校扼杀了创造力吗》《肢体语言塑造你自己》《拖延症患者的内心世界》《伟大的领袖如何激励行动》《脆弱的力量》《如何让人们想听你说话》。这些标题无疑是经过精心设计的，那么它们有什么特点和规律呢？

演讲标题的四个原则：

（1）简单明了。太长的标题会增加人们的认知负担，从而降低吸引力，中文演讲标题最好不超过 12 个字。

（2）概括主题。人们通过标题能判断出你的演讲内容大致是什么，从而决定要不要听，不知所云的标题会把观众拒之门外。

（3）和听众有关。你的演讲标题反映出的内容要和听众自己有关系，所以我们在演讲前需要分析听众，知道自己面对的群体是谁，或者希望吸引什么群体。

比如面对宝妈可以讲育儿，面对老人可以讲健康与养生，面对创业者可以讲团队管理，面对职场人可以讲晋升之道。总之听众看到一个演讲标题，如果认为和自己无关，他可能就不会去听了。

（4）引起好奇。如果一个演讲标题能激发别人的想象、兴趣，甚至质疑，那么就能大大提高吸引力。有一次我在一家企业的演讲比赛中担任评委，看到选手们的演讲标题，就对其中几个很好奇，比如《远离牛奶》《渣男是怎样一步步炼成的》《人间不值得》，我很期待演讲人到底会说什么。

以上四个原则中，前两个是基本要求，后两个是进阶追求。满足前两个原则的标题是及格的，在这个基础上，同时还满足后两个原则的标题就是优秀的。

演讲标题的七种形式：

（1）问题型。问题型标题能激发人们的思考，从而吸引对方。

比如，《自媒体经验分享》就不如《如何从零开始做自媒体》，《餐饮行业概况》就不如《疫情之下餐饮业如何逆势增长》。前面提到的TED官网上点击量最高的六个演讲中，有三个是问题形式。

我们在取标题时，可以从为什么（Why）、是什么（What）、怎么做（How）等三类问题去思考，比如《人为什么要健身》《什么是元宇宙》《怎样科学减肥》。

（2）数字型。人对数字是比较敏感的，所以含有数字的演讲标题也能引发观众的好奇。

比如，《克服演讲紧张的方法》就不如《学会这三招，演讲再也不紧张》，《瘦身的小技巧》就不如《两招教你快速瘦身》，《幸福的秘诀》就不如《婚姻幸福的三个秘诀》。

我们在发表告知目的（干货知识）的演讲时，标题就很适合采用数字型，把你的干货要点提炼成"两招""三个""四步""五环""六脉神剑"等形式。

（3）观点型。就是把观点本身作为演讲标题，这就要求观点要新颖、不落窠臼，能引起观众的思考、共鸣或者质疑。

比如，《对父母最好的孝顺是阳奉阴违》《谈判的本质是让对方获胜，让自己获益》《领导和下属最好的关系，是彼此成就》《会演讲的人成功机会多两倍》《世上无难事，只要肯放弃》。

（4）对比型。通过强烈的对比形成反差，进而引发好奇。

比如，《从患癌到重生，我明白了养生的本质》《从140斤大妈，到95斤辣妈》《月薪3千和月薪3万的人差在哪》《从四线小城逃回到北上广》《小习惯，大力量》。

（5）修饰型。用更有趣的词汇对直白的标题进行修饰、延伸，就能让中规中矩的标题焕然一新，吸引观众。

比如，《我的奶奶》就不如《82岁奶奶的学习人生》，《父亲》就不如《世界上最爱我的男人》，《摆脱上瘾》就不如《脱瘾而出，才能赢得人生》。

（6）热点型。每次一个热点事件出来后，都会有大量文章、视频讨论这件事，标题中含有相关词汇，从而达到"蹭流量"的作用。我们的演讲标题也可以和时下新闻热点、热搜相联系，吸引观众。

比如，《俄乌危机，和夫妻吵架有什么相似》《谷爱凌妈妈给天下父母的三个启示》《李敖和金庸，才子的两种类型》《鸿星尔克为什么能出圈》。

（7）主副标题。主题报告、培训课程等演讲很适合采用主副标题，主标题通常务虚、感性、吸引眼球；副标题通常务实、理性、体现主题。

比如，《"公"无不克——银行对公业务知识入职训练》《我的未来不是梦——职业生涯规划专题讲座》《一年 10 倍速成长——复盘我的 2022 年》《演讲成就梦想——魅力演讲的五大技巧》。

以上就是演讲标题的四个原则和七种形式，我们在写演讲稿或做 PPT 之前就设计好标题，也可以在全部写完后优化标题，总之要尽量取一个高质量的标题，给我们的演讲锦上添花，提升吸引力和传播力。

第四部分：
演讲的进阶技巧

▷ 身体语言的三个方面

小王是一家公司的产品经理，小伙子长得很帅，在客户面前也能侃侃而谈，但是最近领导跟他说：在客户面前介绍产品方案时，要显得大方、自信一点儿。小王就纳闷了：我也不紧张啊，衣服穿得也很得体，怎么就看起来不大方呢？

其实，小王的问题是不懂演讲的三种身体语言，只要注意这三个方面，并且多加练习，演讲台风一定能够自然、大气。

第一，站姿和走动。

如果你是站着演讲，那么站姿就代表了你的整体形象，应该怎么站？要做到三点：

（1）身体尽量站直，要抬头、挺胸、收腹，把肩膀打开，不要含胸驼背。假如身体是收缩的，会显得没气场。

（2）双手放哪里？如果你手里没有话筒等工具，又不做手势动作的时候，双手可以自然下垂，放在身体两侧，或者双手交叉放在身体前面。放的高度自己定，可以放在胸前，也可以放在腹部前面，总之自己感到舒服就行。但是，不要把手放在口袋里，或者背在后面，也不要抱在胸前。

（3）双脚怎么站？男生的双脚要稍微分开，差不多与肩膀同宽，这样看起来稳重有力；女生的双脚要并拢，这样看起来端庄、优雅，当然如果你感觉不舒服，双脚分开一点儿也不要紧，但是不要超过肩膀的宽度。另外，身体不要频繁地晃动，或者有小碎步，那样会显得紧张、不稳重。

如果你是站着演讲，舞台范围大，观众数量多，讲台又不固定。比如，你去一个地方分享或者讲课，那么就可以加一些走动，充分利用舞台，同时和观众互动。

走动需要注意两点：

（1）舞台的左中右区域都要用到。不能只在中间讲，或者只在某一边讲，要

"闲庭信步"式地走动，比如，在中间讲几分钟，再走到左边讲几分钟，然后又去右边讲几分钟。

（2）什么时候走动？一般来说，一个要点结束，讲下一个要点时，就可以换一个地方讲，让观众感受到你演讲思路的切换。或者，某些观众注意力不集中的时候，你可以走到他们面前演讲，把他们的思绪拉回来。

第二，眼神和表情。

眼睛是心灵的窗户，你想通过演讲去说服和感染观众，就必须要有眼神交流，发生心灵和思想的碰撞。怎样眼神交流呢？要做到三点：

（1）演讲的时候要看向观众，不能长时间看天花板或者地面。有人说：我都紧张死了，不敢看观众。这时你可以看观众的额头、眉毛、头发等，总之，看向观众方向，他们会感受到你的目光。当然，慢慢建立自信后，还是要正面看观众的眼睛。

（2）如果观众数量不多，比如10个以内，你可以通过眼神交流关注到每一个人，和一个人对视一会儿，然后眼神移到下一位观众。看一个人的时间不能太长，也不能太短，一般2～5秒比较合适，或者对方给你回应了，比如点头、微笑，你就可以换其他观众对视了。

（3）如果观众数量比较多，比如20个以上，演讲者不太可能通过眼神交流关注到每一个人。这时你有两种做法：个别对视和全场扫视，个别对视就是在观众里面找那些看起来友好的、面带微笑的，和他们目光接触。当你看向其中一个人的时候，他周围的观众也会感受到你的目光，所以个别对视尽量分片区，照顾到全场，比如在左边、中间、右边各找几位观众对视。还有全场扫视，观众多的时候，眼神可以缓缓地扫过全场，比如从前往后、从左往右，这样可以在短时间内迅速关注到全场，同时也是一次很好的互动，彰显演讲者的强大气场。

关于眼神交流，总结一句话就是：看着观众演讲，关注到每个人。

面部除了最核心的眼神外，还有整体的表情。古语云：喜怒不形于色。这样做固然有其道理，但演讲中却不适用，作为"表演"和"讲话"的结合，演讲要把情绪、温度传递给观众，才能感染人、打动人，让观众信任你、甚至跟随你，所以要"喜怒形于色"，演讲者想表达的情绪要写在脸上。

演讲中面部表情需要注意以下三点：

1. 切忌面无表情

有一个专门的词来形容面无表情，就是"扑克脸"，意思是在打扑克牌的时候，不管摸到好牌还是坏牌，脸上表情都毫无变化，让对手不能通过你的表情来猜测你手里的牌。

你可能见过一些古板、死气沉沉的演讲者，例如，上学时遇到的毫无生气的老师，讲课时基本都是扑克脸，他们能把知识讲清楚，但可能显得不接地气，缺少人情味儿。相反，活灵活现的演讲者会受到大众的热捧，像喜剧演员冯巩、郭德纲、贾玲，还有新生代的脱口秀达人李诞、李雪琴等，他们的演说简直就是天然的表情包素材。

2. 情绪是演出来的，不是说出来的

演讲有一定表演成分，"喜怒哀乐"要用面部表情等身体语言和语音语调的变化"演"出来，而不只是口头说说。口头说"我好开心"，不如配上一个微笑的表情；口头说"我当时害怕极了"，也要配合做一个害怕的动作和表情；口头说"气死我了"，要配合愤怒的表情和手势。

当然，大部分场合的演讲和大部分演讲内容，都适合微笑，显得有亲和力，你可以在镜子面前反复练习。微笑是世界上通用的身体语言。

3. 演讲前放松一下面部肌肉

如果你感觉自己的表情很僵硬、嘴巴不利索，建议在演讲前放松和拉伸一下面部肌肉。比如，嘴巴反复张开、闭合，舌头在嘴里打圈圈，嘟嘴唇，用双手揉搓一下面部。这就好比运动前的热身一样，让身体肌肉进入状态。

第三，手势。

我们站着演讲时，双手可以放在身体两侧，或者交叉放在身体前面。但如果一直保持这一个姿势，就显得太呆板了，所以需要做一些手势动作，让演讲更有气势。

演讲手势的几点注意事项：

一是，手势动作没有固定标准，你可以模仿自己喜欢的演讲者的手势，开始可能会显得笨拙，但是运用多了，就会很自然。这个过程和骑车、开车是类似的，开始动作会不自然，但熟能生巧，最终会融会贯通。

二是，尽量在腰部以上做动作，让观众清楚地看到你的手势，更显大方、自信。

三是，手势动作要么不做，要做就"大开大合"，大方地伸出去，充分地利用上方、前方、左右两侧的空间。一些演讲者的手部动作太琐碎，只在很小的范围内比画，反而会降低演讲效果。舞台越大，观众越多，手势动作的幅度也要越大，传递出演讲者的热情和能量。

四是，手势伸出去以后要适当停留一会儿，不要立即收回来，太快的动作会让观众眼花缭乱，也显得演讲者不够稳重。

五是，不要重复单一动作，否则会引起听众的视觉疲劳，尽量做到丰富、变化。

下面列举几个常见的演讲手势，你可以一边看，一边比画一下。

数量手势：依次伸出食指、中指、无名指，代表一、二、三，"三"也可以用 OK 手势来表示。

问好手势：打开双臂，做拥抱状。

交流手势：双手前伸，手掌倾斜。

区分手势：两手竖放，做切分状。

指向手势：摊开手掌，指向别人。

强调手势：食指向上，微微晃动。

激励手势：紧握拳头，高过肩膀。

以上就是演讲中的三种身体语言：站姿和走动、眼神和表情、手势。其实精进演讲身体语言的绝佳方式就是给自己的演讲录像，然后回看视频中自己的动作，发现问题并一一解决。

有时候人们记住的，不是你讲了什么，而是你讲话时的样子。用你喜欢的姿势演练 100 遍，最终就是你真实的样子。

▶ 演讲声音的三个层次

什么是演讲好声音？普通人的理解可能是普通话标准、字正腔圆、悦耳动听。这些都有道理，但是演讲好声音还远不止如此。

我们来拆解一下演讲声音的技巧，包括三个层次：

第一层，情感。

演讲声音最重要的是有情感，一个人说话声音再好听，再抑扬顿挫，但是如果让人听不出真诚、自信和温度，那是没有感染力的。相反，即便一个人讲话声音不好听，普通话不标准，也没有抑扬顿挫，但却是发自内心的声音，也能感染听众。

所以，关于演讲声音，第一点需要注意的就是要投入情感，你要扪心自问：对自己的演讲有没有热情？是否相信自己讲的话？

演讲声音传递出的情感包括：真诚、热情、自信，还有和演讲主题相吻合的基调。比如：婚礼或年会致辞要喜悦、喜庆；做专业报告要严肃、严谨；给客户提案要专业、有力。

"旗袍先生"崔万志出生时由于脐带绕颈，导致脑部缺氧，最终造成行走不便，语言不流畅。但是他凭借自己真实的经历和真挚的情感，打动了所有观众，获得 2015 年《超级演说家》年度亚军。

情感投入才是演讲声音的"道"，其他技巧是"术"。

第二层，呼吸。

声音的第二点，是很多人关心的问题：怎样中气十足、声音有力？怎样长时间讲话不累？有些人声音缺乏力量，说不了几句就气息不足了，有些人讲不了几分钟就口干热燥、嗓子冒烟。

这些都是呼吸导致的问题，我刚做讲师时，发声没有经验，讲课半小时就会很累，声音不给力。直到后来我发现了一个公开的秘密：普通人演讲，不一定要像专业主持人那样，用所谓的腹式发声、各种共鸣，因为很难学会；我们只需要做到一点，那就是：吸足气以后再讲话。

声音是一股气流经过声带发出来的，没有气，仅靠声带发力，扯着嗓子说话，肯定不长久。所以在讲话之前要吸足气（七八分满即可），吸气后胸腔是充分打开的，当然，你吸气后如果能让腹部鼓起来，那会更好。吸足了气以后，再说话，此时腹部和胸腔慢慢往里收，一口气说完后，停顿一下；再次吸足气，然后说话，周而复始。肺活量大、气息控制好的人，吸一口气后说的话比较长，反之则短。无论长短，都要先吸足气，再发声。这样发出的声音有力量，而且嗓子不会累。

你仔细听专业主持人的声音就会发现，他们会在讲话的间隙迅速吸一口气，然后讲下一段话。自从我用了这个方法后，连续讲课两三天都没有问题。

有些人在演讲时不好意思停顿换气，认为那会表明自己忘词、不够流利，其实这种想法大错特错。说话如果滔滔不绝、缺乏停顿，会让演讲者自己很累，听者也会很累，因为听的人没有时间回味和消化。相反，有停顿、有节奏感的演讲声音，就像好听的音乐那样，会让听众的耳朵很享受。

第三层，抑扬顿挫。

演讲声音的第三个要素，就是抑扬顿挫，或者叫声音变化。演讲中为什么要抑扬顿挫？打个比方，你在坐汽车的时候，假如开车的司机一会儿快，一会儿慢，一会儿来个急刹车，你作为乘客有什么感觉？相信你肯定会感到头晕，甚至害怕、紧张，反正一定不会睡着。如果这个司机开车很平稳，那么你作为乘客会放松警惕，甚至会睡着。

我们在演讲的时候，就好比一个司机，听众就好比乘客，假如你讲话始终一个调，就像和尚念经一样平稳，那听众听的时间长了，就会走神。但是如果你讲话声音有高有低，有时候突然来个"急刹车"，也就是停顿，那听众的注意力会时刻被你抓住，至少不容易走神。所以，我们在演讲时不要做"好司机"，要像"坏司机"那样，有快有慢，有颠簸起伏，有停顿，这样听众的注意力才会被你牢牢抓住。

那么怎样抑扬顿挫呢？我们可以从四个方面来练习，分别是音量、语速、语气、停顿。

1. 音量

声音的音量可以有高低变化，大部分时间音量要适中，不能太高，也不能太低，但是要适当做一些高低变化。比如：讲到重点内容的时候，音量要高一点，也就是重音，以表示强调；讲到次要信息、低能量内容时，音量可以放低。

比如，李咏老师在"超级演说家"的演讲《致我的情敌》，其中有一段话是这样说的："是谁给我带来的这个痛，你们猜？情敌。""真的有一天他连黄道吉日都不选，直接到我家来，冲我嘿嘿一乐：'我要把你女儿带走了'，恬不知耻。""情敌"和"恬不知耻"两个词都以重音强调，吸引了听众的注意。讲到找"情敌"部分时，李咏体现了他温情和忧虑的一面，声音变得轻柔，"有了女儿之后，我对所有男孩都看不上，我开始观察，瞧瞧这个小子……我再瞅瞅这个……"

2. 语速

语速可以有快慢变化，从而产生节奏感。大部分内容语速适中，不快不慢，讲到重点部分时，语速需要放慢，以表强调；讲到次要信息或者紧张的故事情节时，语速可以加快。

比如，杨澜在演讲中说："有心理学家曾经做过这样的统计，在人们感到最恐惧的事情当中，当然有死亡，但是它居然只列在第二位，列在第一位的就是当众讲话。"最后四个字语速放慢，咬字清晰，这样就起到了强调重点的作用。

再比如这句话：（语速正常）听邻居说我家里好像闯进了陌生人，（语速加快）我匆匆跑上楼，用力拉开房门，（语速放慢）只见孩子正躺在床上酣睡着，我的一颗心才算落了地。通过语速的变化，能体现出演讲者的情绪，从而更有感染力。

另外，演讲时需要做到"三五成群"，就是一句话讲下来，不要匀速一个字一个字地讲，而应该两个字、或三个字、或四个字、或五个字连起来，一串一串地讲。就像我们读古诗一样，"床前明月光，疑是地上霜"，这两句诗中，前两个字、后三个字需要连在一起说，中间适当停顿，这样才有节奏和韵律，否则就像机器人播报语音一样，没有味道。

3. 语气

语气的变化能非常好地吸引听众的注意力，就像你坐车时，汽车的颠簸会引起你的警觉。我们在演讲时可以变化语气的地方有：模仿不同人说话的腔调，情绪和情感发生变化时。通过语气的变化，让听众有代入感、场景感，也体现演讲者的丰富情感。

我们在听评书或有声小说时，脑海里会产生相应的场景和画面，代入感非常强，很大原因就是主播富于变化的语气。通过主播的语音语调，你会听出坏人的阴险狡诈，情人之间的你侬我侬，将军的威严风范。

比如，有一个关于地震救援的故事，开头是这样说的：有一个城市发生了地震，救援工作在紧张地进行，三天后，救援工作人员依稀听得一处有"救命啊！快来救我的孩子啊！"顺着声音搜索，发现是从一片废墟中传出来的……假设我们讲这个故事，"救命啊！快来救我的孩子啊！"这句话就要模拟求救者的急迫语气。

还有，体现特定情绪、情感的语句，语气也要发生变化。比如：（悲叹）唉！太惨了。（喜悦）啊！我们终于胜利了。（警告）你不要一意孤行，执迷不悟啊。（疑问）你认为这样做行吗？（严厉）这种思想是非常危险的！（深情）为什么我的眼里常含泪水，因为我对这片土地爱得深沉。

4. 停顿

演讲者不能像连珠炮一样讲个不停，在适当的地方停顿，能起到"此处无声胜有声"的作用。

演讲中什么地方需要停顿呢？第一，要点切换的时候，可以停顿一下，调整呼吸，也让听众回味一下刚才的内容。第二，观众需要反应的时候，比如，你提了一个问题，要停顿两三秒，给观众思考和回应的时间，或者观众在鼓掌、在笑，你要停顿一下。第三，讲重点的时候，为了吸引听众的好奇和兴趣，可以停顿，也就是所谓的卖关子、吊胃口。第四，听众注意力不集中的时候，比如，在吵闹、走神，此时你可以看着观众，沉默几秒钟，大家会注意到气氛的变化，重新看你、听你说。

比如，我有一次在演讲说："我们生命中有大约三分之一的时间都在工作，那么请问大家，你热爱自己的工作吗？（停顿）怎样才算一份好工作？（停顿）我认为好工作要满足三个标准：（停顿）第一，自己喜欢，无论多苦多累都很乐意；（停顿）第二，自己擅长，能发挥出你的优势；（停顿）第三，对社会有用，你的工作能给他人创造价值。大家可以思考一下你的工作是否满足这三个标准，

（停顿）对于我来说……"

最后总结一下，我们学习了演讲声音的三个层次：

第一，情感是声音的灵魂。声音最重要的是有情感，让听众听出你的真诚、热情、自信，以及和演讲现场吻合的情感基调。

第二，呼吸是声音的生命。怎样中气十足、长时间讲话不累？方法是吸足气以后再讲话，吸气后胸腔打开、腹部鼓起来，然后再慢慢说话。

第三，抑扬顿挫是声音的颜值。声音要富于变化，包括四个方面：音量有高低，语速有快慢，语气有模仿，停顿要刻意。

如何长时间演讲不累嗓子

很多朋友演讲没几分钟，就嗓子冒烟，口干舌燥。我过去也是这样的，经过实践和探索，总结了几个小技巧：

1. 吸足气后再发声

这一点我们在前文已经讲过，在演讲中要有意识地停顿和换气。

2. 使用话筒

我现在讲课都尽量使用话筒，这样说话可以省很多力，同时观众听得更清楚。

即便是专业的播音员，他们如果长时间连续讲话，也会感到累，所以发声时尽量借助外力，保护自己的嗓子。

3. 小口喝水，湿润嗓子

如果你的演讲时间比较长，中间可以喝水两三次，记得小口喝水，因为喝太多可能会导致尿急。

4. 创造互动，主动休息

演讲时，尤其是长时间的演讲，最好和观众有一些互动，比如提问，这样既调动了观众的参与积极性，同时也能利用这个互动时间，让自己休息一下。

在互动间隙可以喝水，也可以调整呼吸，清清嗓子。

5. 平时练功

如果平时说话很多，而嗓子又不给力。建议平时多练习发声，也可以请专业的声音教练指导自己。如今我每天都要练声至少5分钟，包括口部操、绕口令、横膈肌训练、朗读等。

台上一分钟，台下十年功。长时间演讲嗓子不累，是一门手艺，需要刻意练习。

如何控制演讲中的赘语

演讲中多余的语气词"嗯""呃"等，过多的连接词"这个""那个""然后""就是说"等，以及个人的口头禅，以上统称为赘语。

赘语虽然不会直接导致演讲失败，但是过多的赘语会降低演讲的专业性和感染力。

造成演讲出现赘语的原因和对策：

第一，嘴巴比脑子快。

人的口头语言表达受大脑控制，当大脑思路跟不上的时候，口头就会出现赘语，演讲人为了填补这个空隙、避免尴尬，于是说出"嗯""这个"……

此时要让嘴巴等一等大脑，可以停顿、换一口气，用停顿和换气来代替说赘语，想清楚后再说话。这种停顿既能够让自己放松片刻，同时还能吸引观众的注意力。

有些人会觉得演讲中出现停顿，听众会感觉不舒服，其实不然，合理的停顿能让演讲听起来稳重有力，而且有节奏感，所以在必要处要刻意加上停顿。"语迟则人贵"就是这个意思，很多领导人讲话节奏比较慢，句子之间有明显的停顿，但是我们听起来还好，会觉得对方非常威严。当然商务场合不适合这样演讲，适当停顿即可。

第二，讲话坏习惯。

有些人即便思维清晰，但长期以来的讲话坏习惯导致不自觉地出现赘语，比如"对、对""就是说""然后的话"等，还有官腔"啊，这个……"。坏习惯造成的赘语一定要戒除，因为观众听的时间长了，会很反感。

有三个小建议供参考：

一是，可以听一下自己的讲话录音，换位思考，就会理解别人听你讲话是多么难受。

二是，征求一下部分观众的意见，问问他们对你的赘语怎么看。

三是，把赘语换一种说法，丰富语言词汇，例如把"然后"换成：后来，紧接着，接下来，第二天，过了一会儿。

控制赘语的目的不是彻底消除，而是要听起来舒服、自然。

因为人不是机器，普通人演讲不是播音主持，出现赘语是正常的，符合人之常情。听众不能接受的是那些刺耳的、高频的赘语，有些人每讲一句话就会带一个口头禅，这会让听众受不了，因为它破坏了语言的美感。

听众对于那些偶尔自然的赘语是可以接受的，甚至根本注意不到。就像我们看一些谈话类节目，主持人偶尔出现的"呃""这个"，你根本不会留意，更不会感到难受。

有些人出现特定的口头禅，反而会突出他个人的语言风格和特色。比如混沌大学李善友教授讲话中会多次出现"我在说什么""Amazing"，观众已经习惯，甚至乐意接受；在电视剧《神探狄仁杰》中，狄仁杰的口头禅"元芳，你怎么看"已经成为他个人的语言标志。

所以，一般的演讲中，每10分钟出现3～5处赘语是正常的，不必强求绝对清零。当然，非常正式、严肃场合的演讲要严格避免赘语，例如工作场合重要讲话、参加演讲比赛等。

祝你在以后的演讲中控制好赘语，提高语言的流利度，从而提升自己的专业形象和演讲影响力。

▶ 即兴演讲的两大方法

我的一位学员赵经理是银行的中层干部，平时参加的会议非常多，这些场合需要即兴发言。她有一个困惑，就是做有准备的演讲，比如工作汇报，没什么问题。但是即兴发言让她很头疼，有时候不知道说什么，有时候讲不到重点上，有时候思路很混乱。她来找我咨询，我说："你学会以下两招，即兴发言也能井井有条、有理有据。"

即兴演讲第一招：讲三点。

凡事讲三点，这句话你可能听过，但是你知道为什么要讲三点吗？除了"三"在数量上不多不少外，另一个原因，就是你的想法往往是立体的，但在讲话的时候必须把立体的想法揉碎，一点一点表达。比如，自我介绍时依次讲自己的三个标签，你不能没有章法，一股脑儿托盘而出，或者东一榔头西一棒子，这样别人大脑中构建不出来你的人物形象。

打个比方，你讲话给别人听，不可能像 U 盘复制、粘贴那样，一瞬间就能让对方全部接收。你只能像织毛衣一样，把你大脑中的一件毛衣拆成线，然后把这根线逐渐传递给别人，让别人在大脑中织一件类似的毛衣，这样你的想法才算被别人理解了。

所以，演讲是将网状的思想，用树状的结构，进行线状表达。立体的想法只能以线性的方式传到别人耳朵里，然后在别人大脑中构建出另一个类似的立体想法。我们讲话需要有逻辑顺序，而讲三点就是一种最简单的逻辑顺序，无论你有千言万语，还是毫无头绪，请梳理成三点。哪怕一边想、一边讲也可以，至少别人听起来是相对清晰的。所以演讲高手或者领导们讲话都喜欢说"我讲三点"。

讲三点的时候需要注意以下三点（你看，我也喜欢说三点哈）：

第一，采用总分总结构。

开头概括说一句：下面我讲三点，或者其他类似的话，比如，我提三个建议，我有三个感受，我谈一下自己的三个体会等。如果你开头没想好三点怎么办？讲完第二点，突然发现第三点没话可讲了，很尴尬。这种情况你可以在开头不说"我讲三点"，而是说"下面我讲几点"，这样你后面讲两点、四点都可以。或者你开头说了讲三点，但是讲到第三点突然没话了，那么你可以总结第一点和第二点，比如，第三，我总结一下……

开头要总的概括，中间依次展开说，最后还要简单总结回顾。

第二，要点之间有过渡语。

过渡语可以是第一、第二、第三这样的序数词，也可以是首先、其次、最后，也可以是一句话，比如，以上是第一点，接下来我讲第二点。你可别小看短短的过渡语，这是区分演讲老手和新手的重要标志，只要你说：以上是××，接下来我讲××，这句简单的过渡语就能让听众跟上你的思路，不迷失。

第三，每一点内容讲什么。

内容可以是观点、原因、事例、数据、理论等，总之，只要能帮助你把一件事讲清楚，任何素材都可以作为你的一个要点。

举个例子，开会的时候领导突然问你"这个事情你怎么看"，你思考了几秒钟后快速回答，比如这样说："这个事情吧，我有几个想法，第一，我个人觉得……第二，我说两个理由……第三，不知道大家还记不记得一个新闻事件……"你看，哪怕你的想法比较混乱，但是不影响你通过讲三点的形式，来梳理得相对清楚一点，别人理解起来也会更轻松。

更进一步，每一点内容用一个关键词提炼概括，听起来会更精炼。

比如，有一位大学老师对毕业班同学的临别赠言是这样说的：恭喜你们大学毕业了，希望你们走入社会后要具备三颗心，第一，自信心……第二，恒心……第三，平常心……

2009 年，海尔集团董事局主席张瑞敏获得 CCTV 经济年度人物十年商业领袖奖。他在领奖时说："我有几句感言，第一，就是非常感慨，这 10 年的时间我觉得很短，因为我们曾经想在 10 年里打造一个世界的著名品牌，但今天回过头来看，与这个目标还有一定距离。第二，非常感叹，这 10 年又不短，因为这 10 年里面我们经历了从传统经济向互联网经济时代的转折，所以使我们企业也从卖产品向卖服务转型。第三，就是感悟，我们也无愧于这 10 年，因为我们已经冲破了传统经济下的思维模式，正在向着互联网经济模式下的世界名牌冲击。"张瑞敏的获奖感言用感慨、感叹、感悟三个词概括，让人印象深刻。

即兴演讲第二招：讲事例。

事例，顾名思义，就是故事和例子。事例可以是你身边的故事，也可以是新闻事件，或者古往今来发生的任何事情。

为什么即兴发言时要讲事例呢？因为很多时候即兴讲话讲不好，原因是不知道说什么，或者不知道从哪里说起，所以你需要一个导火索，把你大脑中的一堆想法都炸出来。

最好的导火索就是事例。我在演讲培训课堂上会让学员大量练习。比如，介绍自己的产品或服务，一些人讲了一会儿就不知道说什么了，我会提醒他讲一个客户使用产品过程中发生的故事，然后他能讲很长时间，甚至停不下来。

无论是在工作中开会发言，还是参加社会上各类活动即兴发言，当你不知道说什么的时候，建议你讲事例，慢慢打开自己的思路。所以，演讲高手都喜欢说一句话："我讲一个故事吧"，或者，"我举一个例子"。

需要注意，讲事例不是随便讲，一方面是为了帮助我们快速镇定下来，组织语言，打开话匣子；另一方面，事例要和你讲话的主题有关，不能风马牛不相及。事例讲完后，可以谈谈你想通过这个事例表达什么观点、道理，也可以接着讲其他事例，或者讲三点，进一步展开自己的论述。

这就是即兴发言的两个大招：讲三点，讲事例。演讲高手们喜欢说："下面我讲三点""我讲一个故事"，背后就是这两个技巧。

用"坏蛋"和"英雄"吸引听众

演讲中吸引观众的方式有很多，比如讲故事、提问、借助道具、播放视频等，这里介绍一种吸引观众的方法，我称之为"广义的故事"。与之对应的"狭义的故事"就是常见的故事形式，比如：司马光砸缸、鸿门宴、孙悟空三打白骨精等。

广义的故事没有常见的故事形式（背景、冲突、结局），但却有故事的精髓——吸引人的情节和让人好奇的结果，我称之为"坏蛋"和"英雄"。

"坏蛋"就是听众关心的问题、麻烦、挑战、困难，"英雄"就是打败"坏蛋"的办法、建议、方案、干货。

举个例子，苹果电脑最初研发时，开机时间很长，乔布斯要求缩短开机时间，工程师说已经达到极限了。接下来乔布斯说了这么一段话：如果苹果电脑卖出 500 万台，而每天每台电脑开机多花费 10 秒钟，那加起来每年就要浪费大约 3 亿分钟，而 3 亿分钟至少相当于 100 个人一生的寿命！为了 100 条人命，还是努努力吧。后来工程师成功地把开机时间缩短了 28 秒。

乔布斯的这段话就很好地运用了"坏蛋"和"英雄"，"坏蛋"是：电脑开机时间长，浪费生命；"英雄"是：工程师可以缩短开机时间，拯救生命。

"坏蛋"吸引听众的思考和共鸣，"英雄"给听众带来希望和方法。

我在向客户介绍演讲课程时，"坏蛋"是：职场人都面临着各种当众讲话的场合，比如求职面试、工作汇报、开会发言，但是有太多人因为不敢演讲、不会演讲，而失去了表现自己的大好机会。接下来"英雄"出场：有没有一种办法能帮助职场人学会演讲呢？有，我们"三维演说家"课程有一套系统的演讲训练方法，能帮助学习者在 3 个月内从演讲小白成为演讲高手，下面我来介绍一下这套课程……

在具体的演讲场景中，可参考使用以下模型：

1. 讲课：问题（"坏蛋"）+ 答案（"英雄"）

分享干货、培训讲课时，一般不要直接告诉听众答案，而是先提问互动，吸引听众的注意和思考后，再给出干货和答案。

比如：如何克服演讲紧张？你有哪些方法？……是的，大家说得很对，我总结了三步法控制演讲紧张，第一步……

2. 工作汇报：问题或挑战（"坏蛋"）+ 解决方案（"英雄"）

工作汇报时，讲述遇到的一个个问题和挑战，以及自己思考和解决问题的过程，这是一种非常高级的汇报思路，既能吸引听众的注意力，同时还能体现自己分析问题和解决问题的能力。

比如：近期客户投诉率一直很高，为了解决这个问题，我主要做了三件事……

3. 产品介绍：具体场景中的麻烦和问题（"坏蛋"）+ 产品或服务（"英雄"）

介绍产品时，不要着急展示优点和功能，首先要吸引对方，让对方意识到自己有相关的需求和痛点，然后有针对性地推出自己的产品或服务，这样能讲到对方心里去。

比如：乔布斯在 2007 年 iPhone 产品发布会上，介绍 iPhone 功能之前，先吐槽了市面上其他智能手机，原话是：他们通常将电话和一些电子邮件功能结合在一起，就说这是互联网，并且上面都装有这些小的塑料键盘，问题是它们不是那么智能，也不是那么容易使用……我们要做的是制造一种划时代的产品，它比任何移动设备都更加智能，并且易于使用，这就是 iPhone，我们将重新发明手机……

总之，背后的底层模型是一样的：听众关心的"坏蛋"+ 打败"坏蛋"的"英雄"。

我们可以运用这种广义的故事思维，像讲故事一样娓娓道来，吸引听众。

⊯ 演讲中的互动技巧

观众在听演讲时，总会时不时地走神，而且如今有手机这个"新器官"的存在，人们更加容易分心。所以在演讲中要想持续吸引观众的注意力，除了内容本身外，要擅于通过互动来吸引观众。

怎样互动呢？我们学习三类互动方式，包括十一种互动技巧。

第一类互动方式：语言。

1. 提问

通过语言和观众互动，最常见的就是提问。如果你希望在演讲中和观众多一些互动，那就从提问开始吧。

比如，问一下观众：对不对？第一个还是第二个？大家对这个问题怎么看？你有过类似的经历吗？提问后需要停顿一下，给听众思考和回应的时间，如果没人回答，也没关系，你可以邀请其中一些看起来比较友好的观众来回答，或者干脆自问自答。只要听众思考过你提的问题，就已经实现了思维上的互动。

2. 故事

人们在听故事的时候，一般不会走神，这是一种很高级的互动，表面上听众平静如水，但是他们在思维上和你保持同步，就像在看电影或读小说一样。所以，你可以在演讲中穿插一些小故事，来吸引听众的注意力。

罗振宇《时间的朋友》跨年演讲持续 4 个小时之久，但是观众还能接受，并未疲惫不堪，一个很重要的原因就是罗振宇在不断地讲各种各样的故事，让观众在听故事的氛围中获得新知、感悟。

3. 号召

用语言号召观众配合你，只要演讲人态度友好、语言合情合理，观众一般都会配合。比如你向观众要掌声，可以号召说：感谢大家稀稀拉拉的掌声；掌声送给这位朋友，谢谢！大家想知道答案吗？那就来点儿掌声哈！

你围绕演讲主题做现场调查，可以说：请允许我做一个小调查，在座各位有小孩的请举个手，好，谢谢！觉得平时和孩子沟通有障碍的请举一下手，好，谢谢！

其他号召还有：请注意这是重点，请两两讨论，请配合我做一个动作等。

4. 幽默

幽默是一种非常高级的互动方式，让观众在开心的氛围中听你的演讲。罗永浩的产品发布会演讲是使用幽默互动的典型，每隔几分钟就会讲一个段子，让现场观众开怀一笑，这样观众自然不会走神，而且会觉得很享受。

第二类互动方式：工具。

1. 图片

最常见的工具就是PPT图片，观众容易对一个人长时间的讲话感到疲倦，所以不同图片的展示能让人耳目一新。就像罗振宇、吴晓波、刘润等人的年度演讲，除了讲故事外，通过展示一幅幅图片，来不断地吸引观众的眼球。

据研究，人类获取的信息中83%来源于眼睛，可见视觉刺激的重要性。

2. 视频

视频一般用在时间比较长的演讲中，比如在半天的课程中，放几个短视频，既能够辅助教学，还能让观众暂时切换视听，吸引他们的注意力。需要注意的是，如果要在演讲中放视频，一定要提前调试好播放效果，防止视频打不开或者没声音。

3. 道具

2009年比尔·盖茨在TED演讲大会上，从瓶子里放出了几只蚊子，说这些蚊子会传染疟疾（后来说明这是一个玩笑），引起了在场观众的骚动。之后媒体纷纷报道，因此人们对蚊子造成的疟疾产生了广泛讨论，比尔·盖茨通过这个道具增加了他在现场的演讲吸引力，以及事后的传播影响力。

这就是在演讲中使用道具的效果，合适的辅助道具能刺激观众的眼球和大脑，从而达到互动作用。

第三类互动方式：活动。

活动类互动方式通常用在讲课中。

1. 游戏

人们喜欢玩，喜欢有趣的东西，在演讲中加入游戏的元素，会极大地提高观众的参与度。比如，你带领观众做一些动作，或者提出脑筋急转弯之类的问题请观众回答。总之，要有趣味性和参与性。

一位演讲人在讲时间管理这个主题时，开头给每位观众发了一张纸条，上面画满了 90 个小格子，告诉观众说：一个格子代表一年，假如我们能活 90 岁，那么请把你走过的岁月撕下来，剩下的就是你能握在手里的时间。这个小游戏引起了在场观众的深思，相信他们印象会非常深刻。

所以，和主题相关的小游戏放在你的演讲中，会起到非常好的互动效果。

2. 奖励

为了鼓励观众和你互动，参与到你的演讲中来，可以给予小恩小惠，也就是奖励。

比如，和你互动的观众奖励他们一份礼品，礼品可以是你的产品、代金券、签名书，甚至发红包等。演讲中如果有问答环节，为了鼓励观众提问，也可以给提问者一些奖励。在讲课中，可以给学员发积分卡作为奖励，最后统计积分，根据名次发放奖品。

3. 分组

有一次我在演讲俱乐部发表讲座式演讲，主题是消防知识。为了鼓励观众学习略显枯燥的消防知识，我把观众分成了左右两组，演讲过程中回答问题正确的一组可以得到一张扑克牌，最终累积扑克牌最多的一组获得一份礼品。说来惭愧，礼品其实就是一包牛肉干。但是现场效果非常好，大家积极互动，在游戏化的氛围中学到了一些消防知识。

所以分组这种互动形式，结合了游戏和奖励，能营造出非常好的演讲氛围。你可以根据需要，提前分组，或者现场临时分组。接下来就能安排分组讨论、竞赛、演练等。

4. 演练

如果你的演讲是为了教会观众一些实用的技能，比如，面试技巧、PPT 操作、急救知识，那么在讲完知识点后，最好安排现场演练，让观众更容易掌握，体会更深。

比如，你可以安排全体观众先两两练习或分组练习，然后选取其中一组上台演练，你做点评反馈。这样等于让观众学习了三遍：第一遍你讲述，第二遍台下练习，第三遍看别人练习。

以上就是三类互动方式，总共十一种互动技巧。语言类互动方式包括提问、故事、号召、幽默，工具类互动方式包括图片、视频、道具，活动类互动方式包括游戏、奖励、分组、演练。你可以根据自己的需要和风格，从中选择合适的互动技巧。

最后提醒一下，不要为了互动而互动，不要忘记你互动的初心和目的，初心是为了吸引观众更好地接收你的想法，目的是增强演讲效果。

▷ 幽默演讲的四种思维

没有人天生就幽默，演讲高手的幽默风格也是长期练出来的。幽默的底层逻辑是四种思维，掌握这四种思维，运用一些技巧，刻意练习，你也可以幽默风趣。

第一，刻意误导，给听者带来意外感。

意料之外是人发笑的重要原因，事情发展和常规预期不一致，你就会一笑了之，甚至哈哈大笑。

比如，诗人王尔德讲过一个段子：什么是离婚的最主要原因？答案是（停顿）结婚。

一般对离婚原因的解释无非是：两个人性格不合，三观不一致，经常吵架等。但是段子给出的是"结婚"这个看似无厘头、其实有道理的回答。这就是通过刻意误导，给听者带来了意外感。

使用刻意误导的思维，就要会讲段子，段子＝铺垫＋包袱。铺垫要一本正经，误导听者进入常规想法，包袱要神转折，带来意外的"惊喜"。

比如，王尔德还说：（铺垫）在我年轻的时候，曾以为金钱是世界上最重要的东西，现在我老了，（转折）才意识到（停顿）的确如此。

我在演讲课上会说：（铺垫）幽默是演讲的加分项，不是必选项，而且要注意，幽默是有风险的，（转折）"幽"不好，别人就"默"了。

俞敏洪是讲段子的高手，比如，他说：（铺垫）婚姻是爱情的坟墓，好多人都这么说，但是稍微想一下，（转折）如果爱情没有婚姻作为坟墓，那就是死无葬身之地啊。

我们在演讲中讲段子，第一次可能幽默效果一般，但是讲多了，就会越来越顺，你甚至会知道听众在哪个地方一定会笑。幽默不是天赋，而是一种技术，需要刻意练习才有"口感"。

第二，制造差距，让听者产生优越感。

下雪天，你和朋友一起在雪地上小心地往前走，朋友突然脚底一滑，摔倒了。这时你噗嗤一笑，赶紧把朋友扶起来。你为什么会笑？因为内心有一种优越感：同样是在雪地里走路，你摔倒了，我就没摔倒，你看你多笨，看我多小心，我比你强。

这种优越感是潜意识的心理过程，可能我们自己都意识不到。优越感也是人被逗笑的重要原因。所以，幽默高手会制造差距，通过自嘲，把自己放低，抬高观众；或者通过吐槽第三者，抬高自己和观众。

比如自嘲：我年初的存款目标是 3 万，现在年底了，掐指一算，还差 5 万。

我上大学时，追求过很多女生，但是都失败了，每次表白被拒后，我都会写一首诗，结果大学毕业时，我写了一本诗集。

俞敏洪在《青春无悔，相信未来》演讲中有一个自嘲的故事：就像我在大学的时候，总是帮一个女生去扛包，她上火车的时候我给她扛包，下火车的时候给她扛包，后来发现这个女生在校园里跟另外一个男生在散步。我就问她，我说这个男生是谁？她说是我的男朋友。我就很生气，我说既然你有男朋友，为什么上火车、下火车，还要让我给你扛包？她说我为了让我的男朋友休息一下。但是我到今天依然没有后悔，因为我觉得那就是青春。如果我计算好了，我能从这女生身上得到什么，再去做自己该做的事情，我们就已经变成了一个计算型的人物，而计算型的人物只跟老奸巨猾相关。

比如吐槽：有一次我带 4 岁的女儿去医院看病。医生说："小朋友，来，给你拍个片子。"女儿说："要笑吗？"

我女朋友是一名警察，她经常加班，每次夜里下班后，她都会给我打电话："你到派出所来一趟。"

某种意义上说，幽默是研究失败和失败者的技术。自嘲和吐槽，就是把自己或别人的糗事、尴尬、失败、痛苦，以恰当的方式表达出来，让观众因为优越感而发笑。

第三，假装攻击，让听者产生宣泄感。

现实生活是骨感的、不完美的，所以人们多多少少会有一些压抑，很多事不能做，很多话不能说。你如果能通过"攻击性"的语言把这种压抑宣泄出来，观众就会感到舒畅。

很多段子都是通过让人产生宣泄感而幽默。比如，北约领导人峰会期间，欧洲几个国家的领导人围在一起说特朗普的坏话，被媒体拍摄到，视频传到网上，有人评论说：原来国家领导人开会也不全是讨论正经事，也会和老百姓一样喜欢八卦。

先抑后扬也是假装攻击的运用。比如，小雅当着老板和同事的面吐槽说："我们公司工资低、福利又差，还经常加班，要不是因为公司帅哥多，小女子我早就离职了。"小雅通过这种幽默的方式，间接表达了对公司的不满，又博得了大家一笑。

我们在幽默时假装攻击，需要注意不要挑战别人的底线，不要调侃别人不希望被调侃的地方，比如残疾、心底的伤痛，总之要把握分寸，注意场合。

第四，洞察真相，让听者产生熟悉感。

我们看"奇葩说"节目，会为辩手的精彩言论拍案叫绝，内心戏可能是：说得太好了，就是这个意思，这就是我想过、但表达不出来的话，你替我说出来了。

这种情况下幽默效果的原理是，别人的语言点出了生活的真相和本质，让你有一种似曾相识的熟悉感，于是会心一笑。

比如，网上有人提问：怎样给自己设计一个高大上的墓志铭？一个神回答是：没什么事我就先挂了。

有一个调侃中年人的经典段子：人到中年就是一部《西游记》，顶着孙悟空的压力，有着猪八戒的身材，留着沙僧的发型，还有唐僧的磨磨叽叽，关键是距离西天还越来越近了。这里面的每句话人们都很熟悉，结合现实生活场景就能理解其中的含义，于是会心一笑。

很多幽默的金句也是利用了"熟悉感"，比如：人生就像打电话，不是你先挂，就是我先挂；人生没有如果，只有后果和结果；学习不付费，一直学不会；看破不说破，才能往下过；生死看淡，不服就干。

总结一下，幽默的四种思维：刻意误导，制造差距，假装攻击，洞察真相。背后对应的幽默原理分别是：意外感，优越感，宣泄感，熟悉感。

幽默对于演讲，就像味精对于食物，食物没有味精也能吃，但是如果有味精，食物会更鲜美。

▶ 演讲辅助工具的使用

演讲中不可避免要使用各种工具、道具，无论什么工具，都需要提前调试、试用。凡事预则立，不预则废。

下面介绍几种常用的工具，PPT 工具的使用单独成文，这里不再赘述。

1. 投影仪连接线转换头

投影仪连接线有两种接口：VGA、HDMI（高清），如果你要用自己的电脑，就需要考虑一下接口是否匹配，如果不匹配，就需要用转换头。比如，我的电脑是苹果 Air 笔记本，不能直接连投影仪，于是买了一个转换头，无论 VGA 还是 HDMI 都可以连接。买合适的转换头，你可以在购物网站上搜索一下，就会出现大量产品，如果自己搞不懂，可以咨询专业人士。

2. 视频和音频

如果你的演讲中需要播放视频或音频，请务必提前播放调试，看看能否打开、有没有声音、音效如何。过去的做法是在 PPT 中做超链接，需要时点击打开，这需要演讲人走到电脑前操作，不够潇洒，也不高效。还好如今软件的功能升级了，能够直接把视频或音频粘贴在 PPT 里，演讲人点击一下键盘或按一下翻页笔，就能自动播放，非常便捷，而且音视频直接保存在 PPT 里，拷贝时也不容易丢失。

3. 翻页笔

我曾经见过有一些选手在微课大赛中，因为不熟悉翻页笔导致按键频频出错，最终越发紧张、演讲失败。这时我常常感叹：既然不熟悉翻页笔，为什么不提前操作一下呢？早干嘛去了？优秀的演讲是准备和演练出来的，包括使用翻页笔这样的细节也需要演练，尤其是你不熟悉按键、本来就紧张的情况下，更要注意。

建议经常演讲的伙伴买一个自己专用的翻页笔，现场安装只需几秒钟，使用起来会比较熟悉、流畅。如果没有自己的翻页笔，在演讲前要提前熟悉主办方提供的翻页笔，各个按键都试验一下。

4.话筒

演讲现场观众数量如果超过了 20 个，最好使用话筒，音效有保证，而且演讲人说话可以更省力。

使用话筒的姿势需要注意（图 4-1）：

（1）位置。手握在话筒的中间或下半部分。不要握住话筒头或尾端，否则显得不稳重、不雅观，而且手握话筒头对音质也有不利影响。

（2）距离。话筒头不要放在嘴巴前面，要放在嘴巴下面，和嘴巴保持大约一个拳头的距离。有些人拿话筒时，会挡住嘴巴，观众看不到他的嘴型，照片拍起来也很难看，而且会产生难听的喷音。

可以根据现场话筒和音响情况调整距离，如果话筒音量太大，应距离嘴巴适当远一点；如果现场嘈杂或话筒音量小，距离适当近一点，但不要挡在嘴巴前面。

（3）角度。话筒和身体胸腔的角度要小于 45 度，可以根据需要进行调整，有人喜欢和身体平行，有人喜欢稍稍翘起话筒，都可以。总之角度不能太大，像KTV 里唱歌的姿势就不可取了。

图4-1

5. 白板

如果演讲现场需要用到白板，请务必提前检查一下白板笔是否有墨水，现场有没有白板擦，能否擦除。不要等到演讲过程中使用白板笔，发现写不出来，写好了要擦除，发现没有白板擦或者擦不掉，显得被动、尴尬。

在使用过程中请注意以下两点：

（1）不要玩弄手中的白板笔。手里可以拿着白板笔，增加安全感，但是请注意，如果在手中不停地摆弄白板笔，会干扰观众的注意力。

（2）现场书写内容不要太多。白板笔的作用只是辅助写少量字，画简单的图。如果现场写字太多，会浪费宝贵的演讲时间，写字的这段静默时间也容易尴尬。

如果要写的字较多，建议直接使用 PPT 代替；但如果现场没有投影仪，PPT 无法播放，建议提前把文字写在大白纸上，夹在白板背面，需要的时候翻过来即可，也可以写在 A4 纸上，需要的时候贴在白板上。

6. 手卡（提词卡）

我在讲课时经常看到学员拿着手机或者一张 A4 纸、一个笔记本上台演讲，显得很不专业。

首先声明一点，演讲者讲话过程中看稿是正常的，不一定非要全程脱稿，看写好的演讲稿，会显得演讲者非常重视本次讲话，准备充分。只要你能把演讲内容完整清楚地表达出来就可以，观众不会计较你脱不脱稿，他们介意的是演讲者忘词时站在台上费力地回忆内容，此时观众会替演讲者着急。

当然，不可否认的是，脱稿演讲的效果通常比看稿演讲好，也更具感染力，因为观众不需要一个机械读稿的播报员，他们希望看到一个活灵活现、真实自然的人。

所以，如果你不能脱稿，又想洒脱一点儿，那就取一个折中的办法——使用手卡。手卡上记录关键内容，比如演讲大纲、关键词、人名、数据，或者其他你担心忘记的信息，忘词的时候瞄一眼，然后用口头语言自然表达出来。

如果身边没有手卡，也没关系，可以用 A4 纸对折两次，记得要对折两次，和手卡差不多大，这样在台上不会显得太突兀。

7. 其他工具

有时候演讲者需要用到实际的工具，比如一款产品、一个辅助演讲的说明工具、用于奖励的积分卡等。最令我印象深刻的是，乔布斯在产品发布会演讲中从文件袋里缓缓拿出薄薄的苹果笔记本电脑，那一瞬间惊艳了整个世界。

演讲前，把需要使用的工具准备齐全，演练彩排时使用真实的工具，就像在演讲现场一样，这样能最大限度发现潜在问题，进而改进。

以上介绍了七种辅助工具的使用，我们在演讲中尽量注意这些细节。如果一两个细节出现纰漏，可能问题不大。但是如果诸多细节都没处理好，观众会认为演讲人不够专业。

有时候细节决定成败，我们演讲时要做个有心人，准备充分，提前演练。

▷ 演讲PPT的注意事项

如今大量的演讲都需要用到 PPT，这篇文章介绍一下 PPT 制作和使用时的基本注意事项，供你参考。

一、PPT 制作

1. 结构要清晰

做 PPT 的首要追求不是套模板，不是排版美观，而是要结构清晰。PPT 内容是你思维的体现，所以如果对演讲主题和内容没有想清楚，PPT 结构也就不会清晰。

PPT 在整体上的结构可以参考以下设计（图 4-2），比较适合用于工作汇报、产品讲解、培训课程。其中需要注意，过程中要体现分目录，也就是过渡页，达到承上启下、引导观众思路的作用；最后需要做一个总结页，把你的重点内容体现在一张 PPT 上。

封 面 （标题+姓名）	自我介绍 （根据情况也可无此页）	目 录 1._____ 2._____ 3._____	1._____
内容1 _____ _____	2._____	内容2 _____ _____	3._____
内容3 _____ _____	……	总 结 （回顾重点）	封 底 （金句/祝福联系方式等）

图4-2

PPT 单页在结构上需做到：第一，要有这一页的标题（通常居中或居左），告诉观众这一页的主题是什么，每一页只体现一个主题，如果内容较多，就需要分页；第二，内容部分不能太庞杂，应该以关键词、要点句、图示、图片为主，PPT 只能提纲挈领，不能把所有演讲台词都写上去。

2. 可以套模板

PPT 小白可以从网上下载模板，在模板基础上进行修改，从而节省很多时间。要选择和演讲主题调性基本一致的风格。比如，工作汇报选择商务风格，面对儿童讲故事可以选择可爱的卡通风。模板网站有很多，比如 officeplus.cn。

3. 要使用图片

在视觉印象和传播效果方面，视频好过图片，图片好过文字。演讲时可以没有视频，但最好有图片，一方面是因为一图胜千言，有时候演讲者解释半天，效果可能还不如放一张合适的图片；另一方面，图片能吸引眼球，人们对于图片的印象和理解会更深，因为人类是天然的视觉化动物。

所以在准备 PPT 时，尽量配上相关的图片，给观众多重刺激，加强演讲效果。即便一张图片也不放，文字排版方面也尽可能有画面感，比如采用思维导图的形式。

4. 区分演讲型 PPT 和阅读型 PPT

我在辅导创业者做路演演讲时，经常看到一些人把所有内容都搬到了 PPT 上，演讲时对着投影仪念，我问他："你这样做，是不是还不如直接给每个观众发一份 PPT？让他们自己看，效果可能还更好。"

这就引出了 PPT 的两种类型：阅读型和演讲型，前者是给人们看的，比如，详细的商业计划书、项目介绍、产品操作说明等，而后者是演讲时的一个视觉辅助工具。所以创业者有时需要做两个版本的 PPT，阅读型可以直接发给投资人看，上台路演时就要用演讲型 PPT。

演讲型 PPT 既然是视觉辅助工具，就不能作为主角，主角应该是演讲者本人，观众希望从你的身上和口中看到精彩的解读，PPT 只是在关键时刻辅助一下，比如，提纲挈领的目录和关键词、合适的图片、必要的数据和图表、让人醍醐灌顶的金句等。如果 PPT 上堆满了演讲人的台词，此时观众就会不自觉地去读，而忽略了演讲人口头讲的话，PPT "成功" 喧宾夺主。仔细想想，你希望成为这样的演讲者吗？

二、PPT 使用

1. PPT 一定要备份，提前播放调试

这条建议看起来无比简单，但总有人犯低级错误，比如演讲时发现 PPT 打不开。

（1）所以演讲前 PPT 要备份，U 盘或微信等地方都可以拷贝一份，以防万一。

（2）PPT 全部做好以后，要在电脑上从头到尾放映一遍，检查一下有没有衔接或播放问题。

（3）如果是用其他人的电脑播放，要提前到场调试，检查能不能打开、排版有没有错乱、能不能正常放映。我见过太多人在演讲时 PPT 播放出现问题，真想问他们一句：您有提前放映调试过 PPT 吗？

2. 不要长时间面对投影屏幕讲

你肯定见过这样的演讲者：不知道他是因为紧张还是别的原因，演讲时眼睛一直盯着投影屏幕，把侧身或者背影留给观众。此时观众想和他做一次目光的接触都很难，更别提被感染、被激励了。

你的演讲对象是观众，所以不要长时间转身看投影屏。如果要看，也是看你面前的电脑屏幕，瞄一眼，然后面向观众讲出来，这就要求演讲人对 PPT 和演讲内容充分熟悉，了然于胸。

我们在演讲中，偶尔看看投影屏幕或电脑是可以的，但是大部分时间要看向观众，和观众保持眼神的互动、交流。

3. 如果担心忘词，可使用演示者模式

有时候演讲台词实在难以记住，又不方便写在幻灯片上，那么使用演示者模式就是一个不错的解决办法。把你的讲话要点、怕忘记的内容提前写在注释里，PPT 放映时选择演示者模式，忘词的时候可以看一下电脑，此时观众是不会注意到的。

比如，下面是一张演示者模式的截图（图 4-3），观众在投影屏幕上看到的是左边的 PPT 页面，也就是你当前在讲解的内容，你在电脑上看到的则是完整的内容，除了当前讲解页外，还有下一页提示（右边的 PPT 页面），以及右下角的文字注释，我们可以提前写好注释台词，忘词的时候看一下电脑。

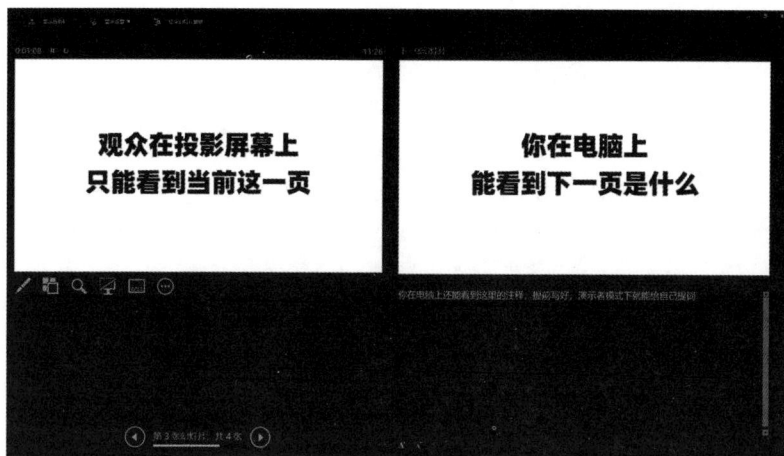

图4-3

最后请记住，PPT 和身体语言一样也是你的视觉呈现，如果你希望展示什么样的风格，那么 PPT 本身和使用 PPT 的姿势也要符合这种风格。

▶ 演讲时要注意的礼仪

演讲通常发生在公众场合，所以需要注意一些礼仪。比如以下几点：

第一，穿着。

如果在内部演讲，观众是同事或朋友们，那么演讲人的穿着没有特别要求。在其他比较正式的场合演讲，穿着要做到：

1. 适合自己

具体来说，要符合演讲人自己的身份、职业、年龄、身材、演讲主题等。

我曾经见过一位年近五十的企业老板，去给客户宣讲自己的医疗产品，他上身穿了一件 T 恤，一道斜线把衣服分成蓝白两部分，下身穿了一件牛仔裤。试想这样的穿着会给客户什么感觉？这套打扮明显与他的身份不符。

乔布斯演讲三件套——黑上衣、牛仔裤、运动鞋，只适合他自己，我们不是乔布斯，演讲时的穿着还是要中规中矩。

当然，根据不同的演讲主题，可以选择相应的穿着。比如，演讲主题是跑步，穿一身运动衣演讲，完全没问题；给孩子们讲航空航天，甚至可以穿宇航服；一位女士讲茶文化，可以穿上旗袍。

2. 适合场合

一是，入乡随俗。演讲人的穿着和观众群体要基本一致，不能相差太多，比如，在传统制造、金融、体制内等领域演讲，适合穿得正式一点，甚至西装革履；在互联网、新媒体等企业演讲，穿日常生活中的衣服，会显得更亲切、更有活力。

二是，略高一级。演讲者毕竟是站在台上的人，所以还是要突出一点儿，穿着可以比观众稍微正式一级，拿男性举例：观众如果穿着随意，演讲者可以穿衬衫；观众如果穿衬衫，演讲者可以穿衬衫同时打领带；假如观众也打领带，那么演讲者可以穿上西装外套。女性演讲者也类似，可以穿职业套裙、女士西装，或者戴胸针、丝巾等，突出一点儿。

第二，登台和下台。

演讲人登台那一刻就是亮相的开始，观众的目光已经聚焦到你身上了。为了显示自己的风度，步伐可以迈得比平时快一点，大步流星走上台。上台后，可以先环视一下全场，对观众示以注目礼，调整好呼吸，然后说第一句话，而不是一上来就急急忙忙说话。

国外某领导人登台演讲时，突然摔倒在地，站起来后，她开玩笑地说："我没有看到台阶，下次我会踩着它们走上来。"这次摔倒让现场氛围很尴尬，但是她的解释多多少少缓解了尴尬，体现了机智的应变能力。

演讲结束后下台的动作，也要自然、自信，有些人说完"谢谢大家"后，就急匆匆地走下台，或者表现出"终于结束了"这样的表情和神态，都会让观众对演讲人的印象减分。

第三，鞠躬。

有些朋友对演讲时是否鞠躬、何时鞠躬感到困惑，或者鞠躬时很不自然。我的建议是：演讲开始可以不鞠躬，结束时最好鞠躬。

你登台演讲前，主持人一般会向观众介绍你，在你登台的过程中，观众通常已经在鼓掌了，你上台站稳后，如果观众还在鼓掌，可以鞠一躬，表示尊重和回应；但如果掌声已经停了，你还鞠躬，观众又得鼓掌，不免显得繁琐。所以，开头可以不鞠躬。

演讲结束时，最好向观众鞠一躬，表示谦让和感谢。需要注意，不要一边说谢谢，一边鞠躬，显得急促；最好先致谢，然后鞠躬，从容不迫。

▶ 如何应对演讲中的意外事件

意外不可怕，可怕的是出现意外后慌乱应对。演讲中常见的意外事件其实前人早有总结，我们了解一下，就能做到心中有数，在实践中运用和复盘，就能百炼成钢。

下面介绍几种常见的意外事件和应对建议：

第一种情况：忘词。

在演讲课的问答环节，这是听众提出最多的问题之一，明明在下面准备得很好，可是上台后突然大脑一片空白，什么也想不起来。其实每个演讲者都会遇到，有经验的高手也不例外，杨澜就曾提到主持节目时忘词的经历。

我对演讲忘词的建议是：

（1）不要太依赖演讲稿。可以写演讲文字稿，尽量背熟、记牢，但是更重要的是记住大纲和关键点，上台演讲时不要机械式地背诵文字稿，而是根据大纲，用自己的话现场发挥，只要大意和原文一致即可。

很多人之所以忘词，就是因为太依赖演讲稿，恨不得一字不落地把文字稿背下来。殊不知，这样做导致忘词的概率极大，即便能照背下来，也会让听众感到无趣，缺乏感染力。

（2）提前准备 PPT 或手卡。PPT 上写关键词、金句、关键数据，以及自己担心忘记的其他要点，忘词的时候瞄一眼 PPT，相当于给自己提词。但绝对不要把大段的文字内容放到 PPT 上，自己去读，我们应该根据关键词句展开讲解。如果没有 PPT，可以把提示词写在手卡或小纸片上。

（3）忘词时为自己争取思考的时间。可以把前面讲过的重点回顾总结一下，比如说："前面是第一种办法……""以上我们分析了问题的本质和原因，主要是……"在回顾时，思考接下来的演讲内容。

或者讲一个事例，这是即兴演讲的一个重要技巧，通过讲具体的故事、例子、事情，能帮助我们打开思路。

也可以和观众互动一下，比如说："前面我讲了两点，大家还记得是什么吗？""对于这部分内容，大家有没有什么感想可以分享一下？""大家有什么疑问吗？"在互动间隙你可以思考接下来说什么。

（4）略过。如果还是想不起来，就先略过，讲下一点，等后面回忆起来了，再进行补充。如果始终想不起来，不讲也罢，演讲留下遗憾是正常的，事后总结经验教训，找到适合自己的不忘词的方法。

第二种情况：突然紧张。

本来上场前准备得很充分，底气十足，但是一上台面对众目睽睽突然紧张了，或者演讲过程中被观众一个打断之后，突然紧张地难以自控。此时该怎么办呢？

（1）心理上坦然面对。任何人站在台上讲话，或多或少都会紧张，所以自己的紧张情绪是很正常的。你甚至可以把自己的紧张说出来，比如："为了这次演讲，我准备得特别充分，但是一上台看到这么多人，我还是心里发慌，但是我一定会努力讲好，给大家带来一些收获和启发，希望大家给我一点儿掌声可以吗？"承认和接纳紧张，是应对上台紧张的第一步。

（2）用你的行为管理紧张情绪。有一个著名的实验，研究人员让一组人做出伤心难过的动作，比如抱头、身体紧缩，一段时间后这组人真的就会出现悲伤的情绪；相反，研究人员让另一组人做出自信、威武的动作，比如抬头、挺胸、舒展身体，几分钟后这些人真的就会变得更自信、更愉悦。这个实验表明身体行为可以影响心理，而人们过去只认识到心理会影响身体行为。所以当你突然紧张时，请做出自信放松的动作，比如微笑、深呼吸、站直、抬头挺胸、大声说话、喝一口水等。

（3）不要把注意力放在紧张情绪上。不要想以下这些："观众是不是看出我紧张了？那个人为什么那么严肃？我的表情是不是很难看？天哪！我该怎么办……"你应该做的是专注于演讲内容，思考以下这些："接下来我要讲什么？下面还有一个故事，还有最后一点……"把你的内容讲清楚、讲完整，是最基本、也是最重要的，完成比完美更重要。

第三种情况：听众反驳。

遇到听众的质疑、反驳，甚至挑衅，也是演讲者可能面临的情况。此时我们需要：

（1）请他说出自己的想法。说出来本身就是一种情绪的宣泄，这也是安抚和沟通的第一步。

（2）肯定其合理的部分。如果他说的有道理，那么可以给予肯定和表扬；如果他说的你不认可，那么可以肯定他认真听讲、敢于发表不同意见的态度，表示感谢，比如说"这是个思路，谢谢你的分享"。

（3）表明自己的观点，继续演讲。很多问题没有绝对的答案，演讲人只是讲出自己的见解，所以我们能自圆其说，给观众带来启发即可。如果对方继续纠缠，甚至挑衅，你可以说："这个问题我们稍后私下交流，请允许我讲完其他内容。"此时不用害怕，其他观众会主动和你站在一起，制止挑衅者纠缠。

第四种情况：时间没把握好。

分为三种情况：迟到、提前讲完、超时。

（1）迟到。这是一个非常严重的问题，让那么多观众等一个演讲人，浪费别人的时间。为了避免迟到，我们要提前出发，提前到现场。对我来说，重要的演讲、课程，我都会提前半小时到达，然后在附近逛逛，最后提前十几分钟进场，调试设备，和观众聊天。一旦迟到，不管什么原因，开始不要花大量时间解释和道歉，请立即开始你的演讲，进入正题，因为观众是来听你演讲的，不是来听你解释迟到原因和道歉的。演讲开始后，在中间或结尾观众已经接纳你的情况下，可以解释一下迟到的原因，表示歉意，这样或许会得到观众的谅解。

（2）提前讲完。在规定的时间内提前完成了演讲，尤其是空余时间还很多，也是非常尴尬的，此时有几种应对措施：

第一，总结回顾。引导观众一起把演讲内容和要点回顾一遍。

第二，安排演练。如果你的演讲是分享一些知识、技能，这时可以请观众两两讨论一段时间，也可以请个别观众上台分享收获和感想，还可以安排实操演练，你来点评。

第三，安排答疑。让观众针对演讲主题进行提问，你来回答。这个环节往往能占用不少时间，但需要演讲者对主题有充分的把握和底气，否则如果很多问题回答不上来，反而会降低演讲效果。

第四，增加新的内容。需要演讲者事先超量准备，一旦提前讲完，就可以讲额外的部分，既充分利用了演讲时间，又给观众带来意料之外的干货。

（3）超时。演讲超时是不专业的体现，甚至会引起观众的反感，所以我们在准备演讲时就要估算时间，试讲时计算时长。在演讲过程留意时间，可以通过看电脑、手表、手机的方式确认时间，调整自己的演讲进度。但要注意看时间的动作尽量自然，不要太频繁，否则会让观众认为你很焦虑。有一种超时情况不用规避，那就是观众非常乐意你多讲，现场氛围超好，但请注意这种情况也要约定什么时间点结束。

第五种情况：设备故障。

演讲中常用的软硬件包括：电脑、投影仪、翻页笔、音响、话筒、PPT、音视频、白板等，假如遇到设备故障，该如何应对？

（1）提前到场调试设备。把演讲中用到的硬件、软件全部演练一遍，比如视频能否打开？有没有声音？话筒电量是否充足？翻页笔的按键分别代表什么功能？

（2）演讲过程中遇到设备故障。比如话筒突然没声音了，翻页笔突然没反应了，电脑突然没电了等。此时你判断一下，如果能快速处理好的话，可以自己动手调试，但如果需要花费的时间比较多，或者自己搞不定，请找其他人帮忙。比如，现场突然停电了，你可以安排大家休息或讨论，或者在不用音响和投影仪的情况下继续演讲，等现场恢复供电后，再接着使用相关设备。

（3）做好"裸讲"的心理准备。我用的是苹果电脑，有一次去一个单位讲课，我用苹果转换头连接投影仪，结果投影显示不出来，此时开始时间已经到了，我心里想：今天如果不用投影仪也没关系，反正演讲课我已滚瓜烂熟。在没有PPT投影的情况下就开始讲课了，后来大约半个小时后，客户单位想办法解决了这个问题，我继续使用投影设备。从此我的包里增加了一个备用的投影仪转换头，以防万一。

我想说，假如PPT就是打不开，假如投影放不出来，假如现场话筒用不了，你该怎么办？还是要继续讲下去，在没有其他辅助工具的情况下完成你的演讲，也就是"裸讲"，这种意外出现的概率很小，但要有这样的心理准备。

明朝抗倭名将戚继光在出征前去拜访一位高僧，高僧送他一首诗：

> 征或前或后，
> 前常而后福，
> 伤常而完福，
> 重常而轻福，
> 亡常而存福。
> 世间万般事，
> 不过常与福。

意思就是说：如果去参军打仗，有两种可能，一种可能是分到前线，另一种可能是在后方，分到前线是正常的，留到后方是你的福气；分到前线有两种可能，一种可能是你会受伤，另一种可能是你不会受伤，受伤是正常的，没有受伤是你的福气；受伤有两种可能，一种可能是重伤，另一种可能是轻伤，重伤是正常的，轻伤是你的福气；受到重伤有两种可能，一种可能是枪炮无眼，你壮烈牺牲了，这是正常的，另一种可能是你受伤了，残疾了，但至少你还活着，这就是你的福气。最后高僧总结出一句话：时间万般事，不过常与福。

同样，我们在演讲中遇到意外事件和突发状况是正常的，没有意外是我们的福气，抱着这样的心态，又有充分的应对措施，意外就没什么可怕了。

第五部分：

演讲的应用场景

▷ 自我介绍：2W2G，陌生场合快速破冰

我们去陌生场合，往往需要自我介绍，但是有太多人做不好自我介绍，要么不知道说什么，要么说了很多，但语无伦次、讲不到重点。

给你分享一个非常好用的自我介绍方法——2W2G，解决自我介绍没话讲、讲不好的问题。这个方法总共四步，对应四个英文单词：

第一步 Who，你是谁。说一下你的基本信息，比如姓名、职业、家乡等，成年人在社交场合进行自我介绍，至少要把你的姓名和职业告诉对方。

第二步 Why，因为什么原因或机缘出现在这里。把你和对方的缘分、联系说一下，可以拉近彼此的距离。比如你去找工作，面试的时候进行自我介绍，可以讲"我有一个朋友在贵公司工作，他介绍我来应聘""贵公司的创始人是我的偶像"等类似的话。在大咖面前进行自我介绍时，可以说"我是您公众号的粉丝""我读过您写的某某书，收获很大"等。Why 这一步不用说很多，两三句话即可，建立一种亲切感，营造良好氛围。

第三步 Give，你能提供什么。这是自我介绍的重点部分，提供的价值可以是自己专业领域的，也可以是兴趣专长，说之前要考虑对方可能有什么需求，然后有针对性地讲。比如，求职面试时可以说"我能胜任这个岗位，因为我具备三项能力……"我参加活动时进行自我介绍，会说"我是一位演讲培训师，做过1600 多场演讲，辅导过 4000 多位学员，大家如果有演讲方面的疑问，欢迎找我交流"。

第四步 Get，你希望收获什么。这部分既肯定了对方的价值，同时又表明自己是一个有追求的人。比如，求职面试进行自我介绍，最后可以简单说一下客套话"希望贵公司给我一个机会"，或者你有什么实质性的具体要求，也可以提一下。参加活动进行自我介绍，可以说你希望通过这次活动收获什么，表明自己的积极追求，同时也会彰显组织方和其他人的价值。

以上就是自我介绍的 2W2G 法则。第一步 Who，你是谁，让别人对你有一个基本的了解；第二步 Why，你出现在这里的原因、机缘，以拉近彼此的关系；第三步 Give，你能提供什么，满足对方的需求；第四步 Get，你希望收获什么，肯定对方的价值。四步下来，一气呵成，不会没话讲，也不会语无伦次，而且能讲到重点上，帮助我们在陌生场合快速破冰。

下面举两个完整的例子：

有个业务员去拜访陌生的客户，用 2W2G 进行自我介绍，是这样说的：（Who）王总您好，我是张三，是牛邦公司的业务员。（Why）上次我在年度论坛听过您的演讲，很有启发。（Give）是这样的，我看到您公司最近需要建一个网站系统，正好我们公司是专门给客户做网站、APP、小程序的。（Get）您看能不能给我 5 分钟时间，给您介绍一下我们的产品？

罗振宇说，有一次他去参加一个十几个人的读书会，每人去讲一本书。在场的都是陌生人，他是这样进行自我介绍的：（Who）大家好，我叫罗振宇。（Why）听说今天会有几位高人在场，所以托朋友引荐来参加这个活动。（Give）我今天要向各位介绍的书是 ××，因为我上网查了一下各位的背景，我选这本书，是因为觉得它会对各位有 ×× 好处。（Get）我今天不仅会认真听大家的发言，我还希望能知道你们最近都在读什么书，一会儿会后向大家请教。

不管是拜访客户、结交大咖，还是求职面试、参加活动，甚至相亲，陌生场合进行自我介绍时都可以用 2W2G 这四步。

思考题：

假如你来参加我的线下演讲课，在课堂上进行自我介绍，用 2W2G 方法，你会怎么讲？

▷ 演讲比赛：掌握比赛演讲的两个方法

假如你所在单位要举办一场演讲比赛，你在纠结要不要报名，我劝你果断、立刻、马上报名。因为这是在单位领导和同事面前表现自己的绝佳机会，让别人通过你的演讲看到你的工作能力、思考能力、表达能力，为你以后的晋升增加筹码。

那怎样在演讲比赛中出彩甚至获奖呢？介绍两个非常适合演讲比赛的方法：

第一种方法是"三段式"。

围绕演讲主题展开讲三个小主题，可以是三个故事、三段经历、三个人物、三种感悟等，只要围绕你的主题、思路清晰就行。

"超级演说家"比赛中，刘媛媛的演讲《寒门贵子》就是三段式，第一段讲自己出生在寒门的故事，第二段介绍了英国的一个纪录片《人生七年》，第三段讲自己在北京打拼的感受。

假如你所在单位举办演讲比赛，无论什么主题，都可以用三段式，比如讲三个人物的故事，或者讲一个人物的三个故事，或者讲自己的三个看法。

我曾经辅导一位银行职员参加单位的演讲比赛，最初她写的演讲稿就是流水账，介绍了自己在单位的成长经历。后来我们分析提炼后，把演讲主线设为：单位教给我的三堂课，第一堂课是锻炼处理问题的能力，第二堂课是工作态度决定结果，第三堂课是努力拼搏的精神，每一点都有对应的具体事例，思路清晰，故事生动。最终她现场发挥得也很棒，赢得了演讲比赛冠军。

第二种方法是"U形式"。

看这个字母U就知道，故事中的人物状况最初是正常的，中间遇到挫折，跌落谷底，又因为一个触发点开始改变，最后逆袭而上，重获精彩。这种U形式的演讲方法，特别适合讲个人的励志故事来激励听众，也容易在演讲比赛中出彩。

　　还是拿"超级演说家"来举例，有一位选手叫雷庆瑶，她是一位残疾人，小时候因为意外事故失去了双臂。她发表了一个演讲《变美的权利》，整个演讲结构就是 U 形式：开始讲自己很爱美，后来因为意外事故失去了双臂，造成了各种不便和不幸。她改变的触发点是看到了灰姑娘的故事，她希望自己像灰姑娘一样坚强，于是下决心努力变得更好，逐渐取得一系列的成就。

　　这就是一个典型的 U 形式结构，观众在听的时候会情不自禁地代入其中，他们会想：假如我遇到了这种困难，我会像演讲人一样坚强吗？这种强烈的共鸣会激励人心，传播正能量。

　　使用 U 形式方法需要注意，中间改变的触发点非常关键，这是整个故事的转折点，触发点可以是一个人对你说的话，也可以是偶然看到的一个场景、一本书、一部电影，总之触发点要详细讲述。

　　"我是演说家"节目中，张卫健导师的演讲风格我很喜欢，让观众在轻松幽默的氛围中，被他的励志经历所激励。张卫健的演讲《说话改变命运》，运用的就是 U 形式结构，其中有两处转折。开始张卫健的演戏生涯从普通到有起色，一切顺利，直到事业的第一个低谷期，转折的触发点是他对自己说："如果有机会给我再一次爬回去的话，我以后不要再做一个那么骄傲的艺人，我要做一个踏踏实实谦虚的人。"后来通过出演《西游记》，在香港红极一时。后来他决定来到内地闯荡，却被一位制片人迎面泼了冷水，转折的触发点是他对自己说："放下你以前在香港做出的一切成绩，以前你是一个腕儿，现在不是，将来不知道，如果你想再一次成为一个腕儿的话，现在你要做的事只有八个字，就是努力、努力、努力和努力！"后来他凭借《少年英雄方世玉》和《小宝与康熙》两部戏成为内地家喻户晓的明星。

　　以上就是演讲比赛的两种方法：三段式和 U 形式。最后，祝你把握住演讲比赛的机会，赛出理想的成绩！

附 1：参加演讲比赛带给我的收获

这些年我参加的演讲比赛、讲课比赛，大大小小加起来有几十场，从中我成长了很多，也收获了很多。

收获至少有以下三点：

第一，磨炼自己。这是我参加比赛的初心，当然也期待获奖，但是参加比赛越多，就越会认识到，比赛结果真的不是人为能把控的，偶然因素太多了；而且期望太高，往往会放不开，反而影响发挥。还不如降低期望，纯粹为了锻炼自己的演讲能力和心理素质。通过比赛获得成长，这不就是一种成功吗？

第二，开阔眼界。每次比赛，都能见识到各种各样的选手和评委，给你一种"哇塞"的惊喜，原来还可以这么幽默！原来还可以这样讲课！原来还有这么传奇的人生故事！或学到干货，或带来启发，或受到鼓舞。总之，能让我们走出自己的小世界，增长见识。别人是一面镜子，我们能从中看到自己的优点和不足，从而不会盲目自信，也不会妄自菲薄。

日本时装设计师山本耀司说得好："自己"这个东西是看不见的，撞上一些别的什么，反弹回来，才会了解"自己"。所以，跟很强的东西、可怕的东西、水准很高的东西相碰撞，然后才知道"自己"是什么。

第三，建立链接。在几分钟时间里能面对几十、几百人演讲，平时这样的机会很少，所以比赛时间的投资价值相当高。那么多观众通过观摩你的比赛，对你这个人多了一份了解，从而可能会成为你的朋友、导师、客户、合作伙伴。我的一些培训客户就是通过比赛和我链接上的，他们看到我的表现，得知我的比赛成绩，于是请我去讲课。

比赛是一个小舞台，我们要主动参与，展现自己，否则别人看不到你的光芒。

人生是一个大舞台，我们要勇于拼搏，持之以恒，只要不下台就是一种成功。

愿你在舞台上演出风采，讲出精彩！

附2：演讲比赛前，做好这七点

我将选手在比赛前的注意事项分享给你，祝你取得好成绩！

（1）一定要提前到舞台上演练、彩排几遍，包括PPT、音乐等所有细节。

（2）提前在主办方的电脑上调试PPT、音乐等。

（3）在观众席的不同位置上坐坐，从观众的角度感受一下舞台。

（4）比赛前的一顿饭不要吃得太饱，否则容易中气不足，尤其是排在前面出场的选手。赛前如果肚子饿，可以吃一点儿巧克力。

（5）可以和不认识的观众打打招呼，认识一下，这样你演讲时，他们就不是陌生人了，会自觉配合你，与你互动。

（6）每个选手都会紧张，只是别人不一定能看出来，所以紧张很正常，不必过度担心。

（7）可以安排自己的朋友帮忙，朋友要分开坐在不同方位，在选手演讲时给其加油打气、微笑、点头、点赞。

▷ 工作汇报：理解四个要素，助你升职加薪

先分享两个案例：

小王和小赵大学毕业后进入同一家单位工作，他们干的活差不多，工作能力也差不多，但是在每周部门例会上，小赵的工作汇报总能让领导满意，而小王汇报时让领导听得一头雾水，三年后小赵晋升了，而小王还在原岗位。

老张工作了二十年，兢兢业业，已经是单位的中层干部。但是每次向领导汇报工作时，他都很头疼，因为领导不止一次打断他：你到底想说什么？快说重点！

上面两个案例在职场中非常普遍。工作汇报是一个技术活，讲得好能帮助你升职加薪，讲得不好，领导会认为你能力不行。我们不仅要做出 9 分、10 分的工作成绩，同时还要讲出 9 分、10 分的水平，否则就太吃亏了。

要做好工作汇报，就必须理解四个要素，分别是汇报人、汇报对象、汇报目的、汇报结构。

第一，汇报人。

汇报人就是我们自己，按照级别分成三类：基层、中层、高层，你可以大致判断一下自己的级别，参考以下汇报要点：

基层汇报工作：要晒得多。要晒你的功劳和苦劳，用事实、数据和图表说话，汇报内容主要是已经完成的工作，接下来的工作计划等。总之，让领导看到你的工作付出。

中层汇报工作：要挖得深。中层除了晒事实和数据之外，更重要的是挖掘深层次的东西，比如，对已完成的工作归纳总结、提炼经验；对未完成的工作分析原因，从而提出解决问题的思路，以及需要领导给予的资源和支持。总之，让别人看到你不仅有能力，而且想得足够深远。

高层汇报工作：要看得远。高层在布置工作时，要高瞻远瞩、高屋建瓴，汇

报内容通常是行业的发展前景、公司的战略规划、宣贯企业文化等，目的是激励团队士气，指明努力方向。

当然，我们作为汇报人，级别不是一成不变的，可能在区域公司是中层，到了集团公司就变成了基层，这时需要切换角色，重新定位。

同时，如果想要晋升，就要按照目标职位的能力来要求自己，否则眼光、格局、思维不变，或许就只能留在原职位。有些人明明已经晋升为中层，但还是用基层思维来汇报工作，结果让领导和下属都不满意。

第二，汇报对象。

汇报对象可以分成两类：内部对象和外部对象。不管向谁汇报工作，都要明确对方的关注点是什么，然后有针对性地汇报，这样你讲的话才是对方想听的。

内部对象：

上级：向上级汇报工作是最常见的，那么，上级领导的关注点是什么？一般来说，上级往往看重你发现问题和解决问题的思路，下一步的工作目标和措施，以及你工作中可推广的经验和亮点。

同级：工作汇报时涉及同级、同事的，一定要清楚地告诉对方，需要他们配合的具体工作是什么，而不能只笼统地说"希望其他部门给予支持"。

下级：给下属布置工作时，需要告诉对方工作任务和工作标准，让下级清楚地知道需要做什么、为什么做、怎么做。

外部对象：

比如客户，向客户介绍你的方案和产品，那客户的关注点是什么？第一，收益：你的产品能帮助他解决什么问题、带来什么价值；第二，成本：客户需要投入多少资金、时间、人力。向客户汇报时，一定把这两点讲清楚。

还有一种外部对象，就是行业专家（比如第三方审计人员）或政府部门的领导，他们的关注点往往是：你所在的单位取得的成就、创新成果、合法合规性等。

第三，汇报目的。

你希望对方听完你的汇报后，有什么反应。我们前文介绍过四种演讲目的，分别是告知、劝说、激励、娱乐。工作汇报的目的通常是告知和劝说。

告知目的：把你做过的工作向对方讲清楚，让对方理解。这种目的看似容易实现，其实不然，因为很多人的工作总结就是流水账，没有进行提炼归纳，缺乏明确的重点和清晰的逻辑，以至于别人听完后不知道汇报人想说什么。

劝说目的：这种汇报不只是让对方听懂，更重要的是要劝说对方听完后给予支持、审批、行动。比如，汇报一个设计方案，请领导审核；向客户提案，希望客户购买和采纳。

无目的，不演讲；同样，无目的，不汇报。汇报前要问问自己：我的目的是让对方听懂（告知）？还是要让对方配合行动（劝说）？

如果汇报目的是告知，但是对方没听懂，说明目的没达成。如果汇报目的是劝说，但是对方没被说服，说明目的没达成。

第四，汇报结构。

工作汇报在结构上包括三部分：开头、中间、结尾。

1. 开头

需要说明两点：

一是汇报的主题和结论。

让听众知道你想表达的重点是什么，避免讲了半天，对方不知道你想说什么。结论包括两种形式：你如何看待一件事，你希望对方做什么。

"你如何看待一件事"结论的例子：我认为公司今年的重点工作是提高用户满意度；目前项目进展良好，但是在团队协作上还存在一些问题。

"你希望对方做什么"结论的例子：我的看法是，这个项目需要总部加大人员支持，派一批有经验的技术员过去；我来汇报一下自己的设计方案，希望各位同事听完后给我一些反馈。

二是汇报的大纲和时长。

比如，我的汇报从三个方面讲：项目的进展，存在的问题，还有建议的对策。大概会讲 20 分钟。

开头这两点讲过后，对方就清楚地知道了你要讲什么、讲多久，大大提高了沟通的效率。

2. 中间

按照开头的汇报大纲展开来依次讲，这里有两个技巧：

一是，大纲最好讲三点，最多不超过四点。因为讲多了别人记不住，讲少了显得没水平。如果要点比较多，建议进行归类、分组。

二是，每一点结束后，都要讲一下过渡语。比如，以上是第一点——项目进展，下面介绍第二点——存在问题。这样讲过渡语，能让听众时刻跟上你的思路。

3. 结尾

工作汇报的结尾通常需要说两点：

一是，总结。回顾和梳理汇报要点，再次强调你的结论。

二是，呼吁。你希望对方有什么反应，比如，（向上汇报）希望各位领导提出宝贵的建议和意见；（向下汇报）希望大家按照分工安排，落实各自的职责。

以上就是工作汇报的四个要素：汇报人、汇报对象、汇报目的、汇报结构。最后一句话总结：工作汇报时要明确，什么汇报人，向什么汇报对象汇报工作，有什么汇报目的，用什么汇报结构。

会做，还要会讲。祝你工作出色，汇报出彩！

活动主持：主持人的两种境界、三个步骤

　　说到主持人，你可能会想到电视上那些光鲜亮丽的名嘴，比如董卿、撒贝宁，但是我们要学习的活动主持，并不是在这种大型的场合，而是在工作生活中最常见的会议、各类活动、亲友聚会等，那么在这些场合怎样做好主持人呢？

　　首先，主持人有两种境界，第一种境界是流程的执行者，作为主持人，引导活动按照计划进行。做到这一点，就算是一个合格的主持人了。

　　第二种境界是氛围的营造者，在第一种境界的基础上，如果能营造出符合活动性质的氛围，比如宣誓活动的庄严、会议论坛的专业、亲友聚会的轻松，这样的主持人就算进入优秀行列了。

　　所以，执行流程是对主持人的基本要求，营造氛围是高阶要求。本节主要介绍如何执行流程。分为三步：

　　第一步：开场（问介介）。

　　主持人开场至少应该做好三点：问好，介绍自己，介绍活动流程和重要嘉宾，简称"问介介"。

　　第一点，问好。一般的说法是：尊敬的各位领导、嘉宾，大家好，欢迎参加××活动。如果在需要调动气氛的场合，可以尾音上扬，也就是最后一个字以高昂的声调结束，比如，问候全场最爱学习的伙伴们，大家晚上好（声调上扬）！

　　第二点，介绍自己。比如，我是本次活动的主持人李朝杰。在不同场合，还可以用一两句话简单介绍自己，比如，在公司的活动上，可以说一下自己来自哪个部门；在社会活动上，可以介绍一下自己的单位或职业。

　　第三点，介绍活动流程和重要嘉宾。活动流程，就是包括哪些环节、安排，比如，我们今天的会议包括三部分：第一，请各分公司市场部经理做季度报告；第二，由王总做总结讲话；最后，大家自由讨论。另外，是否介绍重要嘉宾或领导，得看情况，事先和主办方、负责人商量好，嘉宾的姓名、称谓、头衔、介绍

顺序务必要清晰、准确。

第二步：串场（承上启下）。

串场需要做什么？四个字：承上启下。

承上，需要做到感谢和总结，对上一个环节中的人表示感谢，总结回顾其中的亮点、要点。比如，在会议或论坛中可以说：非常感谢赵总的精彩讲话，真的是高屋建瓴，给公司指明了前进方向。再比如，在单位的年会中，主持人串场可以说：非常感谢财务部带来的歌舞表演，真的是太震撼了，让我们仿佛穿越回到了大唐盛世。

启下，需要引出下一个环节，并且简单介绍人物和主题，比如，接下来有请福州分公司的林总发言，他的演讲主题是《怎样打造 A 级团队》，大家掌声欢迎！

第三步：收场（赶回来）。

收场需要做什么呢？用三个字来记忆，就是"赶回来"，代表的三个词依次是：感谢、回顾、未来。

主持人在结尾收场，首先，感谢一下整个活动的参与人员。比如，在会议中可以说："感谢五位嘉宾的精彩发言"；在晚会中可以说："感谢今晚带来精彩表演的领导和同事们"；在比赛中可以说："感谢各位选手带来的精彩呈现，感谢各位评委老师的精彩点评"。

其次，简单回顾一下整个活动的精彩亮点，或者谈谈你的感想、感受，比如，可以说："我们一起度过了一个难忘的夜晚，大家的精彩表演让我们看到了公司的青春活力、朝气蓬勃、奋发向上。"

最后，谈谈对未来的祝福、期待、希望。比如，可以说："相信在王总的带领下，在全体同事的共同努力下，我们公司的明天会更加辉煌，期待明年再聚！"也可以说："新的一年，祝大家身体健康、工作顺利、万事如意！"

总结一下，我们了解了主持人的两种境界：合格的主持人应该是流程的执行者，优秀的主持人还应该是氛围的营造者。

执行流程需要做好开场、串场、收场。开场要做好"问介介"，也就是：问好、介绍自己、介绍活动流程和重要嘉宾。串场要做到承上启下，对上一个环节进行感谢和总结，引出下一个环节，介绍人物和主题。收场要做到"赶回来"，也就是感谢所有人，回顾整个活动的亮点和感想，展望未来，表示祝福、希望或期待。

▶ 竞聘演讲：三部曲，彰显能力和优势

很多人在单位工作几年后，面临晋升的机会，这时候可能需要做一次竞聘演讲，在领导和同事面前讲讲你的思路、想法。讲得好，能给你增加筹码；讲得不好，有可能会影响晋升。

竞聘演讲需要依次讲好三部分内容：

第一部分，自我介绍。

不管面前的人对你熟不熟悉，你都需要做一个完整的自我介绍，内容是和工作相关的信息，比如年龄、学历、专业、政治面貌、工作经历等。

第二部分，表明能力和优势。

针对你要竞选的岗位，说出你相关的能力和优势，既然是竞争上岗，就要给出你能胜任的理由和证据。这一步需要注意两点：

第一，竞聘的岗位有什么要求，你就针对性地讲几点。比如，我辅导过的一位通信行业的客户经理，他在竞聘时就从客户经理需要具备的专业能力、沟通能力、协调能力三个方面来介绍自己的优势。再比如，公务员竞聘演讲，可以从政治素养、业务水平、管理能力三个方面介绍自己。

所以你需要问问自己：这个岗位需要什么能力？有什么要求？然后结合自己的情况来讲。尽量讲三点，因为讲两点感觉水平不够，讲五六点别人又记不住，必须要超过三点的时候，可以分类合并成三方面。

第二，你说自己具备什么能力，符合什么要求，一定要给出具体证据，比如成就、数据，不能只是空话、套话。比如，你说自己管理能力强，可以说自己MBA 毕业，带领过多少人的团队，取得过什么业绩等。

第三部分，假设当选后的目标和计划。

归纳起来讲，最好讲三点，比如你会怎样带领团队，你会解决什么问题，有哪些创新创意，怎样进一步提升自我。总之，让别人通过你的描述看到你在这个

岗位上带来的美好前景。

以上就是竞聘演讲的三部曲：自我介绍，表明能力和优势，假设当选后的目标和计划。

最后再来说说开头和结尾：

开头需要做好两点：自谦和感谢。就像唱歌一样，开头起调不能太高，否则后面唱不上去，所以开头需要低调一点儿，比如可以说：大家好，非常荣幸在这里竞选部门经理这一职务，感谢各位领导和同事给我这次宝贵的机会，今天我的竞选演说包括三部分……

结尾需要讲好三点：感谢，表态，呼吁。首先，要再次感谢听众。其次，表明假设当选后的承诺和展望，还有假如落选也不气馁之类的话。最后，呼吁听众给你支持。

附上一份竞聘演讲文字稿模板，祝你竞聘成功！

竞聘演讲稿模板：

尊敬的各位领导，各位同事：

大家好！很荣幸在这里竞选 ×× 一职。首先感谢各位领导和同事的信任和支持，给我一个在这里展示自己的机会。

今天我的演讲包括三部分：

第一，向大家介绍一下我的基本情况。我……（年龄、学历、专业、政治面貌、工作经历等）

第二，之所以来参加 ×× 竞选，是因为我有足够的信心胜任这份工作，我的信心来源于三个方面：

其一，（一句话概括能力和优势。然后展开论述，提供成就、数据等证据）

……

其二，（一句话概括能力和优势。然后展开论述，提供成就、数据等证据）

……

其三，（一句话概括能力和优势。然后展开论述，提供成就、数据等证据）

......

第三，如果我能当选 ××，将从以下三个方面开展工作：

（会怎样带领团队，解决什么问题，有哪些创新创意，怎样进一步自我提升等）

其一......

其二......

其三......

最后，再次感谢各位领导和同事的聆听。我深知竞聘是双向选择，今后无论在哪个岗位上，我都将兢兢业业，努力拼搏，为 ×× 做出更大的贡献！"潮平两岸阔，风正一帆悬。"相信我们的事业会像这句诗歌描绘的那样，更加雄伟壮丽。恳请各位领导、同事为我投下宝贵的一票，谢谢大家！

▶ 培训讲课：走上讲台，发挥你的影响力

我的一位学员在 500 强公司工作，他们公司每年都会进来一批新员工，并且统一安排岗前培训，有一天领导让他给新员工上课，讲讲他们部门的基础知识，他一下子就慌了，来找我帮忙。我说你只要按照四步准备课程，保证你成为一名合格甚至出色的培训老师。

这四步适用于讲课，也适用于一般的分享，总之，只要你是想教会别人一些东西，都可以用这四步法。

第一步，分析课程对象。

讲课前，我们需要知道讲给谁听，调查和分析学员的需求、问题，这样我们的课程才能够有针对性，给学员带来价值。

可以从两方面着手：

Who：学员是谁？分析他们的年龄、性别、人数、行业、职务、级别、文化程度等。所谓知己知彼，百战不殆。了解学员，备课时才能做到心中有数。

What：解决什么问题？培训的直接目的就是解决学员的问题，比如 PPT 制作、提升演讲能力、亲子沟通等，所以你要分析学员在这个问题上的现状是什么？目标是什么？通过你的培训能否缩小这个差距？

就像医生给病人看病一样，需要知道病人是谁，有什么疾病。讲师上课前也要清楚学员是谁，有什么问题和需求。

第二步，明确课程目标。

我们旅行时有明确的目的地，同样，讲课也要有明确的目标，才不会偏离方向。课程目标是我们讲课的起点，也是检验课程效果的终点。

美国著名心理学家、教育家本杰明·布鲁姆将教育目标分为三类：知识、技能、态度。这个经典的分类广为人知，沿用至今，我们在备课时要思考自己的课程目标属于哪一种。

1. 知识类目标

这种课程的目标是让学员理解、记住或应用知识。比如，驾照考试中的科目一——理论考试，你需要理解和记忆汽车相关的原理、交通规则，才能掌握这些知识，通过考试。

我们在学校里所学的课程，大部分都是知识类，以通过考试、获得高分为目标。工作后参加的学习，也有大量知识类课程，比如各个行业的执业资格考试、企业规章制度培训、健康养生知识等。

2. 技能类目标

这种课程的目标是让学员做出某种动作、使用某个技能。比如，驾照考试中的科目二、科目三，要学习倒车入库、侧方停车、开车上路等，只会背诵相关的方法没有用，必须要亲自做出来。

其他技能目标类课程，比如销售、领导力、演讲、PPT 制作、厨艺、茶艺、挖掘机操作等，都需要学习者动手或动口，要做出来或说出来，达到一定程度，才算掌握了这个技能。

3. 态度类目标

这种课程的目标是让学员意识到、接受某种价值观和理念。比如，驾照考试中，公共场所反复播放的交通安全事故视频，教练的安全叮嘱，都是在提醒你要有安全意识，开车时保持警惕。

其他态度类课程，比如《阳光心态》《企业文化》《廉政教育》《党史课堂》等，目标都是让学员动心、动情，在态度上发生改变或改进。

明白了以上三种分类，我们在制定课程目标时，就可以从三个方面去考虑。

比如，两天的演讲培训课程，主要目标是：让学员根据演讲万能公式写一篇1000 字演讲稿，并脱稿讲出来（技能目标）；次要目标是：认识到演讲对于职场发展的重要性（态度目标），复述出演讲的三个维度、四类目的（知识目标）。

半天的非暴力沟通培训课程，目标是：让学员意识到暴力沟通的危害、非暴力沟通的巨大作用（态度目标），复述出非暴力沟通的四个步骤及要求（知识目标），运用非暴力沟通的步骤完成一场沟通演练（技能目标）。

我们带着课程目标去讲课，培训结束后，就可以判断和验证课程目标是否实现。

第三步，梳理课程结构。

1.课程开头：说明三点

（1）自我介绍：让学员知道你是谁，为什么你能讲这门课，通过介绍自己和课程主题相关的资历、故事，体现自己的专业性，让学员对你有信心和期待。

（2）吸引学员：让学员知道为什么要学习这门课，通过提问、讲故事、借助工具、告知收益等方式激发学员的兴趣。拿演讲课来举例，可以这样说：我们在工作或生活中有很多场合需要公开演讲，比如面试、竞聘、工作汇报、经验分享、介绍产品和方案等。这些场合如果你不敢演讲，会失去很多机会；如果你讲不好，会留下遗憾。今天我们就来学习演讲的方法，帮助我们在今后的演讲场合，把握机会，不留遗憾。

（3）课程安排：让学员知道接下来要学习什么内容、采用什么形式，需要你介绍课程主题、内容大纲、学习方式等。

举个我自己的例子，我去企业讲演讲课时，就会这样开场：

（自我介绍）大家好，非常荣幸来到××公司。我是李朝杰，是一位培训师，专职从事演讲培训5年了，出过一本书《三维演讲：你也可以学会当众讲话》，辅导过4000多名学员发表演讲。这样介绍自己，不是要吹嘘什么，而是想说我今天有信心和能力给大家带来干货和价值。

（吸引学员）课程开始前，请大家思考几个问题：你平时在哪些场合需要演讲？也就是一对多的正式讲话，好……谢谢大家！那么关于演讲，你有哪些疑问和痛点呢？好，这位朋友说一下……谢谢！我们今天就来专门解决这些问题，一起学习实用的演讲技巧。

（课程安排）我们的课程是《三维六步打造魅力演讲》。三维就是演讲的三个维度，包括演讲内容、身体语言、声音。六步就是演讲的六个步骤，包括分析听众、聚焦目的、梳理结构、设计互动、准备工具、演练风范；前三步是讲清楚，后三步是讲精彩，每一步讲解后都会安排演练……

2.课程主体：三种结构

课程内容需要梳理逻辑结构，把知识点进行分类、排序，以下三种常见的课程结构供参考：

（1）并列结构。如果你的课程是要素的罗列，就用并列结构。

比如，《DISC 性格分析》课程，依次讲解 Dominance 支配型、Influence 影响型、Steadiness 稳健型、Compliance 谨慎型等四种性格类型。《制造企业 6S 管理》课程，依次讲解整理、整顿、清扫、清洁、素养、安全等六种管理类型。

（2）流程结构。如果你的课程内容需要按照先后顺序进行，就用流程结构。

比如，《灭火器的使用方法》培训，包括五步，依次是：①提，提起灭火器；②拔，拔掉保险销；③握，握住喷管最前端；④对，对准火焰根部；⑤喷，往下按压阀，对准火焰喷射。

《FABE 销售法》包括四步话术，向客户依次介绍产品的四个方面：F 代表特征（Features），A 代表优点（Advantages），B 代表利益（Benefits），E 代表证据（Evidence）。

（3）WWH（Why-What-How）结构。课程内容依次是：Why（为什么），介绍重要性、意义、价值；What（是什么），介绍概念、要素；How（怎么做），介绍方法、工具、措施。

比如，《非暴力沟通》课程，依次讲解非暴力沟通的作用和意义（Why），非暴力沟通的概念、步骤（What），非暴力沟通的场景应用和注意事项（How）。演讲培训课程，依次讲解学习演讲带来的价值（Why），演讲的定义和场景（What），演讲的方法（How）。

3. 课程结尾：做好两点

（1）回顾要点：课程最后需要总结回顾主要的知识点，带学员再次学习、梳理一遍。方式可以是讲师直接总结，但更有效的方式是讲师向学员提问，由学员来回答，甚至可以书面考试（知识类课程）或实操演练（技能类课程）。

（2）激发行动：一堂课程只能让学员对某个主题有直观和整体的认识，但不能让学员融会贯通，这就需要课后的持续学习、行动。所以讲师需要在最后呼吁和激励学员，比如再次强调课程的重要性、课程相关的名言金句，或者布置课后作业。

比如，我在演讲课的最后，会把巴菲特说过的一段话送给学员：有一种能力你必须具备，不管你喜欢与否，就是轻松自如地进行公众演讲，这是一种财富，将伴随你 50 ～ 60 年。如果你不喜欢，你的损失同样是 50 ～ 60 年。然后请学员根据课上讲的演讲万能公式，写一篇演讲稿，一周之内上交。

第四步，设计教学方法

我们需要提前设计教学手段和互动方法，不仅给学员带来实用的干货内容，同时也要设计丰富有趣的学习形式。

1. 安排好学和习

"学习"一词本来就包含"学"和"习"两层意思，"学"的部分以讲师讲解为主，比如知识点解释、视频举例、讲师演示等；"习"的部分以学员练习为主，比如学员讨论、演练、体验等。

不同课程，"学"和"习"的比例有所不同，以下三种比例供参考：知识类课程："学" 50%，"习" 50%；技能类课程："学" 30%，"习" 70%；态度类课程："学" 20%，"习" 80%。

你可以根据自己课程的特点合理分配两者的比例，总的原则就是：不能让学员只有"学"，没有"习"；"习"要占到一半或一半以上。

2. 学习金字塔

具体的教学方法安排，我们可以参考美国缅因州国家训练实验室的研究成果：学习金字塔（图 5-1），它用数字形式形象地展示了不同的教学方式背后，学习者在两周后能记住多少内容（可理解为学习效果）。

学习金字塔自上而下，从听讲到教给他人，学习效果越来越好，可见主动学习的魔力。学习金字塔给我们的启发是：

（1）不能让学员只是被动学习，要把被动学习和主动学习结合起来，两者交替进行，这样既能保证学习效果，学员又不会太累。所谓一张一弛，就是这个道理。

（2）我们根据自己的课程特点和个人风格，选择合适的教学方法，以下是不同的学习方式对应的教学方法举例：

听讲：讲授

阅读：PPT 文字、学员手册……

视听：故事、图示、视频……

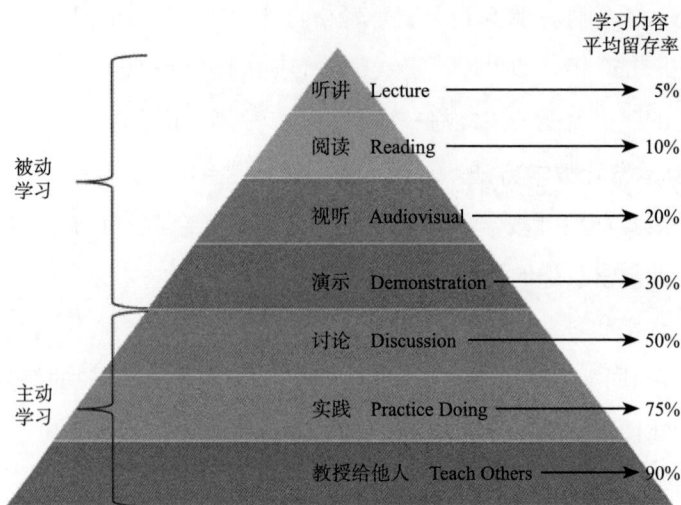

图5-1　学习金字塔

演示：讲师示范、播放视频……

讨论：提问、两两讨论、小组讨论、案例分析……

实践：测试、练习、游戏、角色扮演……

教给他人：课堂练习、课后作业……

以上就是培训前的备课四部曲：分析课程对象，明确课程目标，梳理课程结构，设计教学方法。祝愿你也能走上讲台，给别人带来启发和帮助。

我曾经听一位培训界的前辈说过一段意味深长的话，分享与你：当生命终止，评价一个人的标准，或许不是有多少财富、留下多少孩子，而是影响了多少人。

强效劝说：五步法，打动客户更有力

有这样一个故事：一家公司打算把梳子卖给寺庙里的和尚，派了四个销售员去推销，其中第一个人一把也没卖出去，第二个人卖出去 10 把，第三个人卖出去 100 把，第四个人卖出去 3000 把！

你知道第四个人是怎么做到的吗？这就要提到强效劝说五步法，这个方法由著名的沟通学教授 Alan H. Monroe 提出。不仅可以用在向客户销售产品，其他劝说场景也可以参考使用，比如劝说领导、说服别人投票等。那么这五步是什么呢？

第一步，吸引注意。

你在马路上经常看到一些"清仓大甩卖"之类的标语，或者听到"走过路过不要错过，两块钱你买不了上当、买不了吃亏"。他们在干什么？在吸引潜在消费者的注意。

在不清楚客户在哪里的情况下，或者客户心不在焉的时候，你需要想方设法来吸引他们，这是销售成交的第一步。我们平时在网上看到的一些夸张的文字或图片广告，就是这个作用。还有一些免费体检、免费试用，都是在吸引消费者的注意力。

第二步，挖掘需求。

在客户没有消费意愿或者消费意愿一般的情况下，你直接说你的产品有多么好，客户是无动于衷的，他们心里会想：这跟我有什么关系。所以你需要先挖掘客户的需求、痛点、问题，如何挖掘呢？

第一种方法是通过提问的方式来引导对方。

比如，保险销售，保险代理人可能会问你："王先生，对您来说最重要的是什么？家庭、工作还是健康呢？对，身体是一切的基础，那您知道人的一生得重病的概率是多少吗？您看一组数据……"通过提问引导的方式，让对方意识到自已有买保险的需求和痛点，而不是一上来就说："王先生，我有一款保险产品非常适合您。"

第二种方法是直接提出，引起对方的重视。

我们开头提到的向和尚卖梳子，第一个销售员认为和尚没有用梳子的需求，一把也没卖出去。第二个销售员向和尚说明经常用梳子梳理头皮，可以疏通经脉，有利于身体健康，最终有个别和尚买了。第三个销售员对寺庙方丈说，很多游客烧香、磕头以后头发凌乱，需要用梳子梳理一下，于是方丈采购了一些。第四个销售员对方丈说，寺庙游客这么多，可以送他们一把梳子作为礼品，上面刻上"积善梳"三个字，游客一定很喜欢，从而更愿意捐香火钱，他最终卖出去3000 把梳子，而且这还只是第一批订单，寺庙卖完后，还会再找他买。后面这三位销售员都是在挖掘和尚和寺庙的需求，谁挖掘的需求和痛点更大，谁就能销售出去更多梳子。

电影《华尔街之狼》有一个经典场景：明星莱昂纳多饰演的乔丹问别人如何把一支笔卖出去，很多人回答说，"这支笔有什么优点，你可以用这支笔如何如何"，乔丹对这些回答都不满意，直到有人说"请给我签个名"，乔丹说"可是我没有笔"，这时对方把笔递了过来，销售成功。

这是第二步——挖掘需求，无论销售什么产品，记得先挖掘客户的需求和痛点。

第三步，满足需求。

在客户意识到自己有某种需求时，你自然就可以拿出产品来满足他的需求，并且介绍产品。这里你需要提供有力的证据，包括背书、数据、案例等。

第一种证据：背书。比如你的产品获得过什么奖，哪个明星代言的等。

第二种证据：数据。比如向某位老板推销，使用你们的服务系统能帮他的工厂一年节省 2000 万元，然后说明原因。

第三种证据：案例。讲其他客户的成功案例，打造一个成功的案例并且广而告之，是一种杀伤力极大的营销武器，因为自卖自夸的作用有限，但是第三方现身说法对客户的说服力极大。

第四步，展望未来。

前面挖掘需求、满足需求更多是从逻辑上说服，展望未来这一步是从心理上打动对方。研究表明，人的决策看似是理性思考后的结果，其实是感性决策，然后寻找看起来理性的理由。所以你需要在感性、心理层面打动客户，才能让客户真正决定购买。

那么怎么做呢？可以从正反两方面去讲。正面说：如果你用了我们的产品，你将会如何；反面说：如果你不用我们的产品，后果会怎么样。总之，根据你的产品特点、客户需求，选择说正面还是反面，或者两方面都说，让对方趋利避害。

有一次我去黄山玩，刚到山脚，就看到一个老太太在向游客卖雨衣，她说："山顶会下雨，你们不带雨衣会被淋湿的，我这里卖得比山上便宜，只要五块钱一个。"不带雨衣会被淋湿，就是从反面来展望未来，激发客户的"恐惧"心理。

第五步，呼吁行动。

这是临门一脚，也是让客户马上购买的触发器。通常可以说：赶快行动吧，或者那咱们就这么定了。但是这还不够，你需要加一个"触发器"，让客户立刻决定买单。

这个触发器可以是打折促销，比如，今天购买有九折优惠，或者说，您是老客户介绍来的，可以享受优惠价。触发器也可以是赠送礼品，比如，今天购买，我们还送您价值 888 元的豪华大礼包，只限量赠送 30 份！别小看这一招，很多消费者心里会盘算光买这些礼品就已经赚到了，于是立刻付钱。

以上就是强效劝说五步法，我们来回顾一遍。

第一步——吸引注意，在不清楚客户在哪里的情况下，或者客户心不在焉的时候，你需要想办法来吸引他们。

第二步——挖掘需求，在对方没有购买意愿或者购买意愿一般的情况下，先要挖掘他的需求、痛点、问题，可以提问引导，也可以直接提出来。

第三步——满足需求，用证据说明你的产品能满足他的需求，证据包括背书、数据、案例等。

第四步——展望未来，从正反两方面讲，买了会怎么样，不买会怎么样，引导对方趋利避害，在心理上做出购买决定。

第五步——呼吁行动，用一个触发器，让客户马上买单，比如促销、打折、赠送或其他方式。

需要说明的是，强效劝说五步法虽然好用，但如果没有给客户带来真正的价值，这种劝说即便暂时成功，也是不长久的。就像老子说的：有道无术，术尚可求；有术无道，止于术。强效劝说五步法是"术"，真诚和利他就是"道"。

思考题：

你能想到哪些应用这五步法进行劝说的案例？你会怎样使用这五步法来销售你的产品？

▶️ 激励团队：用好三招，点燃团队成员

有些学员跟我说，他们做了管理岗位后，要经常给团队开会，激励员工，但是不知道该怎样演讲才能激励别人。在团队面前讲话、激励人心，有三招可以使用。

第一招：黄金圈。

黄金圈是西蒙·斯涅克在 TED 演讲《伟大领袖如何激励行动》中提出来的，也就是 Why-How-What 思维模式——为什么做，怎么做，做什么。乍一看很简单，但是有多少管理者能真正按照黄金圈思维来激励别人呢？

大部分人的思维方式是 What-How-Why，每一位员工都知道自己做的是什么事情，也就是 What，也有很多员工知道该怎么做，也就是 How，但是很少有人想过为什么要做，也就是 Why。这里说的 Why 不是赚钱谋生方面的原因，而是指深层次的信念、初心、梦想。

那些卓越人物的思维模式是黄金圈 Why-How-What，他们在激励别人的时候，从 Why 出发，也就是从信念和梦想出发。比如，1983 年乔布斯劝说当时百事可乐公司的总裁约翰·斯卡利加入苹果公司，对他说了一句著名的话："你是想卖一辈子糖水，还是想跟我一起去改变世界？"这句话让斯卡利深受触动，后来加入苹果公司。

所以请你思考一下，你在激励团队时，有没有从 Why 出发，来激发别人的信念、梦想、情怀，明白做这件事的意义和价值，而不是只讲 How 和 What。你可能会说：我们的工作很普通，没什么高大上，激发不了员工的信念。真的是这样吗？举几个例子：卖咖啡的说，自己要为客户创造家和公司之外的第三空间，这就是星巴克；自媒体平台说，再小的个体，也有自己的品牌，这就是微信公众号；空调企业说，让世界爱上中国制造，这就是格力。

所以从 Why 出发，不仅仅是包装这么简单，你要问问自己和团队：为什么

要做这份工作？是否真的相信组织的使命、愿景、价值观？从深层次激发员工的动力。

这里顺便提一句，我坚信：通过演讲训练能帮助学员变得更自信、更勇敢，从而去突破自我、追求梦想，这就是我工作的源动力和意义。

第二招：马斯洛需要层次理论。

如果说前面的黄金圈以 Why 为出发点来激励团队，听起来很高、很虚。那么根据马斯洛需要层次理论来激励员工就非常接地气，我们根据团队中不同成员的个性需要，来激励他们。

著名心理学家马斯洛提出，人有五种需要（图 5-2），而且是自下而上逐步满足的，只有低层次需要被满足后，人才会追求更高层次的需要。

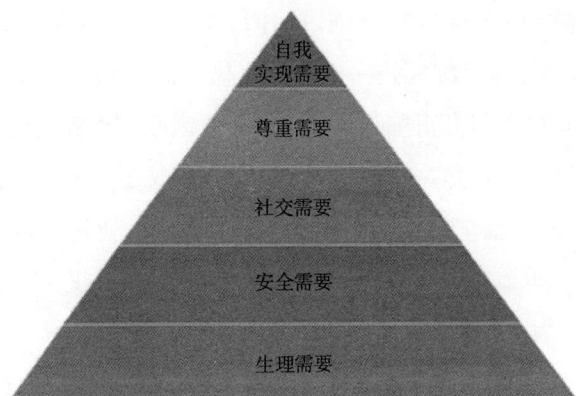

图5-2 马斯洛需要层次理论

比如，对于基层员工或刚毕业的大学生，还处于温饱阶段，那么你在讲话时，更多要从物质回报、福利待遇、学习培训等方面给予激励，对应马斯洛需要层次理论中的生理需要和安全需要。

对于中层骨干来说，他们的需要更多是社交和尊重，那么你在讲话时，可以从商务交流、团队活动、晋升体系、荣誉头衔等方面给予激励。

高层人员需要的更多是自我实现，在激励他们时，你可以从社会地位、股权激励等方面讲。

当然，上面说的基层、中层、高层的激励技巧只是笼统概括，实际情况中还要分析激励对象的具体性格、动机和需要。

第三招：励志故事。

先说一个有趣的现象：我和小伙伴做了一个微信公众号"三维演说家"，经常发优秀的演讲稿和演讲视频，我们发现阅读量比较高的文章基本都是励志类的。

你看，大家还是爱喝心灵鸡汤，喜欢正能量。有人专门做过调查，发现那些负能量的人也喜欢接触正能量和正能量的人，很有意思吧？所以罗振宇在跨年演讲里说了一个金句：你在朋友圈里又佛又丧，你在收藏夹里天天向上。

那么怎样做出激励人心的励志演讲呢？一言以蔽之：讲那些能引起听众共鸣的励志故事。这里面有两个关键点：第一是共鸣，第二是讲故事。

怎样引起共鸣？你需要问自己几个问题：听众都是什么人？他们的性别、年龄、职业、教育程度是怎样的？他们关心什么？他们有哪些困惑？他们希望得到什么？举个例子：假如你在一群乞丐面前演讲，激励他们要追求更高的理想，要为社会做贡献，那就是天方夜谭。因为乞丐最关心的是温饱问题，显然信念之类的话题不能引起他们的共鸣。听众对你所讲的内容至少要能听懂，最好有类似的生活体验。

怎样讲故事，以及故事的强大作用，我们前文也介绍过，如果你希望激励听众，讲一个克服困难、获得成功的励志故事，永远是屡试不爽的方法，这个励志故事最好是自己的，当然自己实在没有，讲其他人的故事也可以。

我们看一下俞敏洪在不同的场合是怎样激励人心的，他面对大学生等青年群体演讲时，为了鼓励听众摆脱恐惧，勇敢地突破自己，讲了下面这个故事：

当我从北大辞职以后，作为一个在北大快要成为教授的老师，马上换成穿着破军大衣，拎着糨糊桶，专门到北大里面去贴小广告的人，我刚开始内心充满了恐惧，我想这可都是我的学生啊，果不其然学生就过来了："俞老师，你在这儿贴广告啊。"我说："是，我从北大出去自己办了个培训班，自己贴广告。"学生说："俞老师别着急，我来帮你贴。"我突然发现，原来学生并没有用一种贬低的眼神看我，学生只是说俞老师我来帮你贴，而且说："我不光帮你贴，我还在这儿看着，不让别人给它盖上。"我逐渐就意识到，这个世界上，只有克服了恐惧，不在乎别人的眼光，你才能成长。

俞敏洪面对政府官员和企业家做励志演讲，讲过这样一个激励人心的故事：

任何困难都是一场人生经历，也蕴含着许多机会，关键你要在困难中突围，寻找到机会。如果没有放弃，迎难而上，反而能成就之后的奇遇。新东方上市之后，也曾遇到过打击。当时一家著名做空机构发布报告声称我们的核心数据造假，股价两天之内从25美元跌到了9美元。但是我一点儿都不担心，因为我们一直恪守着诚信经营的原则，数据方面不会有问题。但股东的信心必须维持住，因此我找来不少朋友，和我一起购入新东方股票，托住了股价。与此同时，新东方耗资1500万美元聘用全球顶级的律师事务所和审计事务所进驻调查，最后澄清了事实，我们的经营数据毫无问题。新东方因此名声大振，股票大幅回升，当初的投资人也都获得了丰厚的回报。

所以，我们在激励团队时，可以讲能引起对方共鸣的励志故事。

以上就是激励团队的三招：黄金圈、马斯洛需要层次理论、励志故事。黄金圈告诉我们激励团队要从 Why 出发，让团队明白为什么要做，信念、使命、价值和意义是什么。马斯洛需要层次理论告诉我们要根据不同员工的需求和动机，进行针对性激励。最后，我们可以讲那些能引起听众共鸣的励志故事。

▶ 聚会致辞：记住三个字，聚会发言难不倒

在工作和生活中，有很多社交聚会场合需要我们发言，比如参加各种年会、同学会、婚礼等，再比如你获得一个奖项，需要发表获奖感言。在这些场合，如何理清演讲思路呢？

有一个三字秘诀，就是"赶回来"。记住这三个字，在社交聚会场合发言，不会没话讲，也不会语无伦次，甚至可以讲得很出彩。

下面我们来拆解一下。

第一个字"赶"代表感谢。聚会场合上台发言，一下子不知道说什么，先表示感谢。比如，在公司你可以说：感谢各位领导和同事一直以来对我的帮助和支持；参加一个活动，最后每个人轮流发表感言，开始你可以说：感谢老王组织这次活动，辛苦了。总之，感谢具体的人或事，对应的是现在，表示我们彼此的联系和缘分。

第二个字"回"代表回顾。前面"感谢"对应的是现在，"回顾"对应的就是过去，我们之所以聚会，是因为我们有共同的回忆、难忘的时刻，你把它说出来，就能引起大家的共鸣。比如在单位年会上，领导都喜欢说，这一年来我们公司取得了什么成绩，我们的销售额如何。参加活动，最后发表感言，你可以说：这次活动中，让我最难忘的是……总之，这一步就是回顾过去，需要注意，回忆过去时不要太宽泛，尽量提到具体的人或者事件。

第三个字"来"代表未来。我们聚在一起，除了聊过去，肯定要展望未来，所以聚会场合的发言，自然而然就会讲到未来的愿景，提出希望、期待、祝福。比如，在公司年会上发言，最后就可以说：希望公司的明天更美好，祝大家新年快乐，万事如意。参加活动发表感言，最后可以说：期待我们下次再聚，到时候每个人都要参加哦。

你看，运用这个三字秘诀，在聚会场合发言时，思路就会很清晰。

再来看三个具体的例子。

第一个例子是马云的演讲。马云在 2019 年 9 月阿里巴巴 20 周年庆典上的演讲，整体思路就是"赶回来"。第一部分是感谢，他说：谢谢大家远道而来，感谢所有帮助过、信任过阿里巴巴的人，感谢最伟大的时代……第二部分是回顾，他说：15 年以前……这部分他回忆了阿里巴巴的创业史；第三部分是未来，他说：未来的 30 年……这部分他介绍了自己对阿里巴巴的展望。整个演讲就是感谢、回顾、未来这样的思路。

第二个例子是获奖感言。相信爱学习的你一定经历过这类场合，发表获奖感言也可以用"赶回来"。比如，2019 年我参加培训师推优大赛获得全国前十名，在浙江培训师协会组织的庆功宴上，大家让我讲讲感受，我是这样说的：

（感谢）感谢浙培协，感谢各位老师的帮助和支持，昨天凌晨 1 点多，应老师还在帮我磨课，真的非常感谢！（回顾）从参加初赛到复赛、半决赛、决赛，这几个月一直在打磨课程、不断演练，我感觉自己在飞速成长，同时也从其他选手和评委身上学到了很多，真的是山外有山，人外有人，参加比赛是一个非常好的学习机会。（未来）希望明年我们培协有更多老师参赛，获得更好的成绩，到时候我也会尽自己的一份力量，谢谢大家！

第三个例子是一位父亲在女儿婚礼上的讲话，非常感人，也很幽默。以下是发言内容：

（感谢）各位来宾，非常感谢今天的莅临，在座很多来宾是看着这对孩子长大的，特别感谢你们多年来的照顾。

（回顾）刚刚我带着女儿走红毯时，让我想起第一次牵她的手的时候，是在医院。在医院时我牵着她的手，走到这个世界，来到我们这个家庭，伴随我一起成长学习。

我记得她在小学的时候，考了全校第二名，我是牵着她的手上台去领奖。到了中学叛逆期，因为骂了老师，我也是到教务室去牵着她的手回家。到高中毕业她考上心仪的大学，我也是牵着她的手走进校园。今天，我终于要放手了……

（未来）以后你的路要自己走。当我看见你的背影，离我渐行渐远的时候，我真的很不舍！婚姻不是 1+1=2，而是 0.5+0.5=1。结婚之后，你们两个要各自去掉一半的个性，才能组成美满的家庭，婚姻不是占有，而是结合。听爸爸的话没错，因为我的经验很丰富。

最后我要跟小育讲，这个孩子我很喜欢。我把女儿交给你了，只要你按照使用说明书使用，我给你一百年保固。有问题你要进原厂，不要自己修理。最后祝福各位来宾身体健康，万事如意！

总之，在社交聚会场合发言，请记住三个字"赶回来"。"赶"——代表感谢，表示现在，要感谢具体的人或事；"回"——代表回顾，表示过去，回忆难忘的关键时刻；"来"——代表未来，表达对未来的希望、期待或祝福。

最后，我也用"赶回来"结束这篇文章。感谢你阅读我的书，我们共同学习了很多演讲技巧，希望对你有所帮助，也祝愿你成为演讲高手！

▷ 回答提问：万能回答公式，提交漂亮答卷

有很多演讲的最后一个环节是问答，比如，你参加竞聘，最后可能有领导向你提问；或者你发表主题演讲，最后有观众向你提问。有些人害怕被提问，觉得演讲可以提前准备，但是问答没办法准备。

其实回答提问也是有技巧的，除了可以用我们之前学过的即兴发言的两招：讲三点、讲事例，还可以使用万能回答公式，包括三步。

第一步，确认问题。

当观众向你提出问题后，你可以把他的问题重述一遍，比如，感谢提问，这是个常见的问题"如何在孩子哭闹时安抚他"。这样做有两个好处：一方面可以确认一遍问题，保证你没有听错或理解错误；另一方面可以给自己争取思考和组织语言的时间。

千万别小看这一步，有些演讲者没听明白问题就开始作答，可能答非所问、南辕北辙。1992年美国总统竞选，克林顿和老布什两位候选人在一场电视辩论环节，一位黑人女性向老布什提问，结果老布什答非所问，让选民们大失所望，甚至认为他高高在上、非常冷漠。

所以我们在回答提问时，最好先确认问题。尤其是以下两种情况一定要确认：第一，你没听清楚，或者没听明白；第二，提问者啰里啰唆说了很多，你要从中提炼出他的问题，向他确认一遍。

第二步，观点＋证据。

确认问题后，针对这个问题给出你的核心观点。这和其他演讲的要求是一样的，要观点先行，千万不要说了半天，听众不知道你想表达什么。

比如，在竞聘或面试环节，最常见的一个提问是：你的缺点是什么？针对这个问题，你可以说：每个人都有缺点，我也不例外，我的缺点是××，然后说一些非致命的而且你正在努力克服的缺点。总之不要遮遮掩掩，要直接表明观点。

表明观点后，还要给出证据，来证明你的观点，证据可以是故事、案例、数据、证言、理论等，如果比较多，还要分点讲。

比如，我去上演讲课时，听众提到的最多的问题之一是：忘词了怎么办？我对忘词这个问题的回答是这样的：（观点）演讲忘词很正常，几乎每个人都会遇到，但还是有应对方法的。（证据）以下三点供你参考：第一，尽量准备充分，在手卡上写下容易忘记的内容，或者在PPT上做标注，忘词的时候瞟一眼；第二，把前面讲过的要点总结重复一遍，或者和观众互动，利用这个间隙思考、回忆；第三，如果还是想不起来，就即兴发挥或者直接跳过，讲下一部分。

有时候面对观众的提问，我们一下子想不到合适的观点，怎么办？这种情况，你可以先列举事例、论据，比如讲一个故事，最后再提炼观点。

第三步，结尾有力。

和其他演讲一样，听众对你最后几句话的印象会比较深刻，所以在回答提问时，结尾要有力量，尽量以积极正面的语言结束。比如结尾说：我相信公司的前景很美好，但是一定会遇到各种困难；效果就不如：虽然公司会遇到各种困难，但是我相信我们的前景一定会非常美好！

做到结尾有力，就可以把你的观点强调一遍，或者对提问者表示感谢、鼓励，比如说：感谢你的提问；希望我的回答对你有所帮助，谢谢！相信自己一定可以，加油！

以上就是回答提问的万能公式，包括三步：确认问题、观点+证据、结尾有力。

最后，我补充三点注意事项：

1.心里没底气怎么办

其实80%以上的问题都可以事先准备，如果你害怕自己回答不好，建议你提前把听众可能会提的问题列下来，然后进行演练，甚至可以找一个人扮演提问者，你来回答，模拟越真实，练习效果越好。总之，准备充分会让你增加底气。

2.遇到自己不知道的问题怎么办

假如听众提的问题，你不知道答案，建议你诚实回答，就说：不好意思，这个问题我也不知道，请你留下一个联系方式，我弄清楚以后再联系你，好吗？这样讲听众是可以理解的，演讲人不可能对所有问题都了如指掌，但是听众接受不了演讲人不懂装懂。

当然，遇到自己不知道的问题，我们还有一招，就是邀请其他观众来回答，比如说：这个问题有谁能回答一下吗？三人行必有我师，这样既调动了观众的参与积极性，同时也能帮助你回答问题。

3. 遇到挑衅怎么办

有观众向你挑战甚至挑衅，这时需要记住，演讲场合的主导人是你或者主持人，所以你有权力维持秩序，这种情况你不希望看到，其实其他观众也不喜欢，所以你只需要说：谢谢你提出不同的想法，我们稍后私下交流。绝大部分挑衅者也就知趣了，因为如果再继续无理取闹，会引起众怒。

▷ 讨论问题：问元芳，解决问题有思路

　　我们经常需要对某些问题或现象发表看法，比如汇报工作问题、和朋友讨论某个话题，此时用"问元芳"来整理思路，能帮助我们高效思考和表达。

　　"问元芳"来源于电视剧《神探狄仁杰》中的经典台词：元芳，你怎么看？三个字依次代表：问题、原因、解决方案。也就是依次描述问题、分析原因、提出解决方案。当然，原因如果众所周知，可以省略掉，直接讲解决方案。

　　你在单位向领导汇报工作中遇到的问题，就可以用这个结构。首先介绍工作中存在的问题，然后分析这些问题背后的原因，最后提出针对这些问题下一步的计划和对策。这样表达就很有逻辑和条理。

　　比如，（问题）老板，这个月的销售没达到目标，只完成了60%。（原因）我分析过，原因有两个：第一，我们的销售员有很多是刚进来的，经验不足；第二，我们的竞品最近在大促销，很多老客户购买了竞品。（解决方案）针对这些原因，我有两个初步方案：第一，给新人安排两天封闭式培训，并且给每个人对接一个老销售员做导师；第二，和电商部门沟通，尽早制订双十一促销策略，吸引新老客户。老板，您看怎么样？

　　这样汇报工作，哪怕老板没有采纳你的方案，他也会认为你是一个有想法、有能力的人。反观很多职场小白，只是把问题抛给老板，自己不思考、不行动，只是被动等待，这样的人很难被领导器重。所以，表达能力的背后反映的是一个人的职业素养。

　　"问元芳"结构也可以用在行业论坛的演讲中。首先讲行业中存在的问题，其次分析背后的原因，最后提出自己的观点和见解。

　　比如，在2018亚布力中国企业家论坛夏季高峰会开幕式上，新东方创始人俞敏洪发表了一个演讲《在一个动荡的时代做不动荡的自己》，整体思路就是"问元芳"：

（问题）刚才刘主席讲了那么多的专业经济问题，刚才易省长、樊主席又对中国的企业家进行了一番激励人心的鼓励。我起了个题目《在一个动荡的时代做不动荡的自己》。（原因）这个原因就是中国的宏观政策、宏观经济已经起到了对中国的经济发展以及我们企业家，至关重要、甚至生死存亡的作用。（解决方案）中国经济依然会继续发展，我有四个理由：有人可用、有策可依、有圈可点、有技可发……

"问元芳"结构也可以用于介绍产品。你向客户介绍自己的产品或服务时，先不要急着说自己产品的优点，要先分析客户有哪些痛点、问题，引起对方的共鸣，然后针对性地提出自己的产品或服务，解决对方的问题，满足对方的需求。这样表达更容易被对方接受。

比如，有客户向我咨询演讲课程时，我会先问对方：贵公司在演讲方面有哪些需求或者问题？对方可能会说：我们的同事经常需要对外讲解产品方案，他们容易紧张，逻辑思路不清；对方也可能会说：我们想学习工作汇报方面的技能；还有客户说：我们单位要举办一场演讲比赛，希望请老师来给选手做一场赛前培训。针对这些不同的需求和问题，我会提出自己的具体课程方案，而不是上来就介绍自己的课程有多么好，那样可能驴唇不对马嘴，讲不到对方的心里去。

以上就是"问元芳"使用的三个场景：工作汇报、行业论坛、产品介绍。

其他对问题或现象发表看法的场景也可以使用"问元芳"来思考和表达，我们要擅于发现问题、分析问题、解决问题。

▶ 点评反馈：三明治反馈法，让沟通更畅通

在工作中，有很多场合需要给他人反馈，比如，同事做了一个方案，需要你给他提建议；下属犯了错误，你要批评他；你被邀请担任某个比赛的评委，给选手做点评；还有，你在讲课中要给学员的表现进行指导。

在这些场合，如何反馈能让对方听得进去，甚至乐意接受呢？这就要用到三明治反馈法。

三明治反馈法，顾名思义，就是像三明治一样，两块面包中间夹着一块肉，我们的反馈也可以如此，把你的建议或批评放在好听的话之间，具体有三步。

第一步：面包（好听的话）。

开始反馈时，为了营造沟通氛围，拉近双方的心理距离，你需要讲一些好听的话，比如认同、欣赏、关爱，甚至幽默。举个例子，你给同事的方案做反馈，可以先提出他哪里做得好，这时候对方会更愿意听你讲下去。

第二步：肉（逆耳的话）。

我们的反馈是希望对方变得更好，所以不能一味说好话，要给出建设性的建议或意见，甚至批评指正。有了第一步的好话做铺垫，第二步的建议或批评会更容易被对方接受。

比如，一位老板在批评他的秘书时，是这样说的："你今天的衣服很漂亮啊，很能代表我们公司的气质。不过最近写的公文不够漂亮，标点符号错误有点多，要改正。"这就是典型的三明治反馈的前两步，先说好话，再提出建议或批评。

第三步：面包（好听的话）。

建议或批评是为了让对方改善，而不是为了打击他，所以最后还要说一些好话，消除对方的后顾之忧，在积极的氛围中结束反馈。这一步的好话可以是鼓励、希望、信任、支持。比如刚才的例子中，老板最后对秘书说："我相信你的能力，以后写出来的公文也会符合咱们公司的气质。"

以上就是三明治反馈法的三步。第一步：面包，说一些好话，营造沟通氛围；第二步：肉，给出建设性的建议、意见或批评，帮助对方成长；第三步：面包，最后再说一些好话，让对方振作精神。

知名商业顾问刘润在文章里提到一件事，他说：我曾经有位老板（微软大中华区副总裁），在美国电话电报公司工作时，汇报给卡莉·菲奥莉娜（就是后来惠普全球 CEO，还参选过美国总统）。他给我讲过他给卡莉汇报工作的故事，遇到任何问题，卡莉从来不说"这不行，这个想法很愚蠢"，卡莉会说"这个想法很棒，如果在某方面再完善一下，估计可行性会大大提高"。每次我这位老板都满怀激动地走出卡莉的办公室。

卡莉的三句话就分别对应：面包、肉、面包。

专家在这方面也有类似的研究。美国心理学家洛萨达在调查成功的企业时发现，成功的团队，成员之间的沟通符合 5∶1，也就是五句好话配一句批评建议。如果全是好话，团队就会不思进取；如果全是难听的话，团队就会陷入焦虑、紧张，所以，以好话为主、批评建议为辅的团队最成功。

另一位心理学家古特曼调查了 4000 对夫妻，发现在幸福的婚姻中，夫妻之间的沟通也符合 5∶1 或 6∶1，就是五六句好话配一句批评建议。

所以，用好三明治反馈法，会让你在工作和生活中的沟通更畅通。

项目路演：讲好商业故事，获得创业融资

我辅导过一些创业者做路演演讲，他们希望自己的创业项目能获得融资，或者在创业大赛中获奖。假如你也是创业者，要参加项目路演，这篇文章对你会有启发。

项目路演本质上是创业者对投资人讲述专业的故事，这个故事有三个版本。

第一个版本：一句话介绍项目。

我发现有些创业者说了半天，听的人都不清楚他做的是什么，更别说给他投资了。所以你要能用一句话来概括自己的项目，这句话的参考格式是这样的：××公司提供××产品或服务，利用××功能帮助××解决××问题。

举个例子：电子商务平台 BB 网旨在帮助新妈妈以批发价购买尿不湿等婴儿用品。是不是很清楚？再举几个简单的例子：

斑马：2～8 岁学什么？学思维，学英语

拼多多，拼多多，拼得多，省得多

为师生提供快捷服务的文印制作室

像玩积木一样组装自己的专属水杯

这句话明确后，就可以放在你的商业计划书封面或路演 PPT 首页上，让别人能快速了解你的项目。

第二个版本：创业者可以讲两三分钟。

这个故事的脚本是：我发现××面临××问题，我要为他们提供一种产品（或服务），解决问题，获得收益。我们之所以能做好，是因为……目前这个市场……我们有机会……

比如，同程旅游网创始人吴志祥 2006 年参加《赢在中国》节目，用 2 分钟

时间介绍了自己的创业项目，他提出并回答了四个问题，分别是：为什么能赚钱，能赚多少钱，能赚多长时间，为什么是我们。这个思路和上面的故事脚本大致是符合的。

如果只有两三分钟时间，你就可以按这个思路把商业故事讲给投资人。

第三个版本：创业者可以讲 5 ～ 20 分钟。

如果要做一个正式的路演演讲，那么可以采用故事的第三个版本，包括以下四点：

第一，项目介绍。

你做的是什么项目，给什么用户提供什么产品或服务，解决哪些问题，满足哪些需求。可以讲述市场概况、痛点分析、解决方法、产品介绍、技术特点、用户画像等，根据你的需要选择其中的要点来讲。

第二，商业模式。

你的项目如何赚钱，实现盈利，这一点是投资人特别关注的。可以讲述盈利模式、竞争对手、运营数据、推广渠道、资质牌照等。

第三，团队优势。

在风险投资领域，有这样一个说法：一流的投资人不看项目，只看创业团队。可见团队的重要性，所以让投资人了解你的项目、如何盈利之后，就要介绍凭什么是你做，你的团队优势是什么。

在介绍团队成员时，重点讲他们的学历、从业经历、过往成就，或者其他亮点，总之，证明你们团队有能力做好这个项目。

第四，融资计划。

向投资人说明你需要多少钱，计划用在哪里，这些钱的股权占比是多少。

以上就是项目路演时商业故事的三个版本，面对不同的情况，可以采用对应的版本。讲好商业故事，获得创业融资，祝你在创业道路上马到成功，大展宏图！

▷ 怎样发表一场TED式演讲

近些年，随着移动互联网的发展，TED❶演讲越来越被人们所熟知，很多人都看过 TED 演讲视频。于是一些组织或个人也想发表 TED 类型的演讲，这篇文章就来分析一下 TED 演讲的方法。

TED 掌门人克里斯•安德森说：作为演讲者最重要的任务是送给你的听众一件特别的礼物，它神奇而美丽，我们称之为"想法"。他总结了精彩 TED 演讲的4 个技巧：

（1）观点聚焦（Focus on one major idea）。

（2）引发好奇（Give people a reason to care）。

（3）通俗易懂（Build your idea with familiar concepts）。

（4）值得分享（Make your idea worth sharing）。

如果你也想发表 TED 类型的演讲，就需要学习和运用这四个技巧。接下来我们以三个 TED 演讲为案例，逐一分析这四项技巧，三个 TED 演讲分别是：杨澜《母亲的人设》，肯•罗宾逊《学校扼杀创造吗》，西蒙•斯涅克《伟大领袖如何激励行动》，你可以上网搜索相关的视频和演讲稿。

第一，观点聚焦。

观点就像一支箭的箭头，箭头只能有一个，才具备足够的穿透力和杀伤力。演讲时如果有两个或两个以上的核心观点，听众反而不容易记住，效果不如只有一个核心观点。

---

❶ 是一所美国私有非营利机构。本意是 Technology（技术），Entertainment（娱乐），Design（设计）。该机构以它组织的 TED 大会著称，这个会议的宗旨是"传播一切值得传播的创意"。

肯·罗宾逊演讲的核心观点是：让孩子最大限度地发挥创造力，这样他们才能面对未来的社会。

西蒙·斯涅克演讲的核心观点是：只有那些从"为什么"这个圆圈出发的人才有能力激励周围的人。

杨澜演讲的核心观点是：现在的妈妈可以有完全不同的人设，她们是妈妈，但首先是自己。

如果你的演讲没有核心观点，那就需要深挖，设想你只能告诉听众一句话，那么这句话是什么？这句话有没有洞见力？能否给听众带来启发？

如果说观点是箭头，那么其他素材就是箭身，箭身的存在就是为箭头服务的。所以，故事、案例、数据、细节等内容素材，都要围绕核心观点展开，和观点无关的内容不要讲。

第二，引发好奇。

听众其实很容易走神，想想我们自己在听别人演讲时的状态，就明白了。所以，引发听众的好奇和兴趣，是优秀演讲者的必备功力。引发好奇的方法通常有以下四种。

1. 和听众有关

听众（尤其是成年人）的潜意识里有一个想法：这个演讲主题和我有什么关系？我能获得什么？如果你在演讲的前几分钟不能消除听众的这个疑惑，他们就会放弃听你演讲。

我的演讲培训班有一位女学员的主题是《好老公的三个标准》，她在开头这样说："好老公、好男朋友应该是怎样的？相信各位女性朋友都有自己的看法，作为一个已婚女性，我总结了三个标准，供大家参考，在座的男生也可以对照一下自己是否符合。"这个开头就很好地和每一位听众产生了联系，无论是男生还是女生，无论结婚还是未婚，都值得听一下。

所以，你在确定演讲标题时，就要吸引相关人群的注意，比如《母亲的人设》《学校扼杀创造吗》《伟大领袖如何激励行动》，这三个演讲标题就非常好。人们去现场听演讲，或者在网上观看演讲视频，前提是因为这些演讲主题和自己有关，人们希望从中收获一些东西。

2. 故事

喜欢听故事是人类的天性，所以，通过故事来说明观点，是成熟演讲者的基本功。

肯·罗宾逊讲了小女孩绘画的故事，自己儿子谈恋爱的故事，以及知名舞蹈编剧 Gillian Lynne 学跳舞的故事。最后这个故事给我带来了震撼，更加理解了因材施教的重要性。

西蒙·斯涅克讲了莱特兄弟、塞缪尔·兰利、马丁·路德·金、苹果公司、TiVo 公司等人或组织的故事，通过这些成功和失败的例子，让听众理解黄金圈思维的重要性。

杨澜在演讲开头讲了自己小时候被母亲安排打扫公共区域卫生的故事，一下子就抓住了听众的注意力。后面还有自己参加电视台面试，帮助竞争对手的故事；以及黄静洁女士让孩子自己设计旅行路线的故事。这些故事让演讲观点具有说服力，同时也能吸引听众的兴趣。

3. 问题

问题能够启发听众的思考，进而引发好奇。在演讲中不断抛出问题，又不断给出解决思路，会让听众有一种阅读推理小说的感觉，和演讲者共同探索出一个结论。

西蒙·斯涅克在演讲开头就提出了一系列问题：

当事情的发展出乎意料的时候，你怎么解释？换句话说，当别人似乎出乎意料地取得成功的时候，你怎么解释？比如说，为什么苹果公司创新能力这么强？这么多年来，年复一年，他们比所有竞争对手都更加具有创新性。而其实他们只是一家电脑公司。他们跟其他公司没有任何分别，有同样的途径，接触到同样的人才，同样的代理商、顾问和媒体。那为什么他们就似乎有那么一点不同寻常呢？同样的，为什么是由马丁·路德·金来领导民权运动？那个时候在美国，民权运动之前，不仅仅只有他一个人饱受歧视，他也绝不是那个时代唯一的伟大演说家。为什么会是他？又为什么莱特兄弟能够造出动力控制的载人飞机，跟他们相比，当时的其他团队似乎更有能力，更有资金，他们却没能制造出载人飞机，莱特兄弟打败了他们。一定还有一些什么别的因素在起作用。

4.幽默

我们在听相声或者看小品时，会期待演员的一个个包袱，我们希望获得开心，台上的演员也希望我们开心，于是幽默成了吸引观众的一大武器。

演讲同样如此，台上的演讲者就是半个演员，如果能适当地幽默一下，会极大地提高演讲的吸引力和趣味性。

肯·罗宾逊的演讲就极具幽默力，强烈推荐你欣赏一下演讲视频，你会时不时地会心一笑，渴望继续听下去。以下是他演讲中的两处幽默：

最近我听到一个很不错的故事，我很愿意讲讲这个故事。说的是一个小女孩正在上绘画课，小女孩只有六岁，她坐在教室的后排正在画画，而她的老师评价她几乎从不注意听讲，但在绘画课上她却听得很认真。老师饶有兴趣地走过去问她："你在画什么？"她说："我画的是上帝。"老师说："可是没人知道上帝长什么样。"这时小女孩说："他们马上就能知道上帝的样子了。"

我倾慕大学教授的学识，但我们不应该用这样一个头衔作为衡量一个人成功与否的分水岭。其实大学教授只是360行中的一行，只不过他们比较好求知，我这样说不是因为对他们的倾慕。在我看来，大学教授有个特点，虽然不是共性，但很典型：他们只用脑子生活，他们只是把身体当作大脑的载体而已，难道不是吗？这个载体可以带着大脑去开会。

第三，通俗易懂。

用观众能听懂的语言，否则演讲者就会陷入"知识的诅咒"，也就是演讲者认为自己说的已经很明白了，但是听众却不懂。

TED组织经常邀请科技专家来演讲，要求在18分钟内把一个主题说清楚，让观众喜欢听，并且有收获。试问，这些专家能像做学术报告那样去演讲吗？显然不行，学术报告的对象是同行、专家，但是TED演讲的对象是大众，专家眼里的普通术语，可能在观众听来就是天书。

所以，演讲者在讲专业话题时要进行解释，运用类比、故事、例子等方式，让观众能听懂、喜欢听。

比如，有一位 TED 演讲者詹妮弗·可汗，她要解释一种不可思议的全新生物技术 CRISPR，她说："这就好像有史以来你第一次拥有一台文字处理器，用来编辑 DNA，CRISPR 能使你轻易拷贝、粘贴基因信息。"这样一种生动的描述让观众恍然大悟，瞬间明白是怎么回事。

你在发表 TED 类型的演讲前，可以讲给不同领域的人听，征求一下他们的反馈意见，判断一下对方能否听懂，是否喜欢听。

第四，值得分享。

为什么 TED 演讲能广为传播？因为能给人们带来价值，比如：肯·罗宾逊的演讲《学校扼杀创造吗》，让无数家长和教育工作者陷入深思；西蒙·斯涅克的演讲《伟大领袖如何激励行动》，在领导力、思维方式方面带给人们巨大的启示，他本人也因为这个演讲而一举成名；杨澜的演讲《母亲的人设》，值得所有的父母听一听，我把这个视频推荐给青少年学员和他们的家长时，都反馈说受益良多。

所以，你发表 TED 类型的演讲前需要思考：我的听众是谁？这个演讲会让谁受益？如果你在自己单位或某个领域发表 TED 式演讲，至少要让特定人群受益；如果你面向大众，就要像 TED 演讲者那样，给普通人带来价值，传递知识、改变、启发、激励。

以上就是 TED 演讲的四个技巧：观点聚焦，引发好奇，通俗易懂，值得分享。发表 TED 类型的演讲时，请逐一对照是否满足。

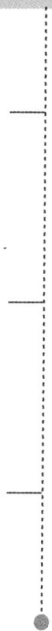

第六部分：
学员的成长故事

演讲改变人生

——小宝

我今天要分享的是一个关于我和演讲的故事。很多人说，演讲可以改变一个人的命运。首先我想问大家，你们相信演讲可以改变命运吗？看来大家的观点跟我一样。对我个人而言，演讲不能说是颠覆命运，但一次演讲，确确实实地改变了我的人生轨迹。

我出生在杭州萧山，在我二年级的时候，父母由于经营饭店，没有时间照看我，就把我送到了外婆家。外婆家在宁波宁海的一个乡村，依山傍海，风景秀美。当时的小学主要是周边几个村的学生，我因为觉得自己是外地来的，总觉得有一些格格不入。加上自己本身的性格也比较内向，因此慢慢养成了不愿意与人主动交流的习惯。在公众场合更加不好意思当众表达，十分腼腆。因此与我这个大个子的外形有些格格不入。

就这样，一直在外婆家上到初中毕业，我回到了萧山读高中。记得是高二时，有一天晚上自习，班主任来教室告诉大家："高三同学要高考，新一届的学生会主要成员要在高二学生中产生，谁愿意报名？"班里有几位同学举手报名，当时不知道是哪里来的勇气，还是因为周边同学的怂恿，我也举起了手。当时的选拔规则很简单，就是在全年级同学面前发表一次竞选演说，谁的票数高谁就可以当选。

过去近 20 年了，竞选那一天的画面我还记得，学校的礼堂坐满了几百名老师和同学，每位候选人依次上台演讲。轮到我的时候，大脑完全一片空白。当时说了什么已经完全忘记了，就记得自己说了要好好为大家服务。后来就是当众唱票，可能是我比较真诚，结果我的票数居然得了第二，当选了学生会副主席。后来老师给我们分工，我这个副主席分管意识形态与宣传工作，具体工作是在广播室放广播。我还要负责在电脑里设置上下课的铃声，于是我偷偷把中午下课铃调快了两分钟，让同学们早点吃上午饭，算是回馈了支持我的同学们。

就这样过了一年多，高考结束，收到了大学录取通知书。我们这一届大一新生，是在杭州下沙校区的第一届，学长学姐们都在市区本部。所以要成立单独的学生会，由于我的高中简历里面有学生会副主席的经历，学校就让我提前去报到，担任校学生会青年志愿者中心的主任。这期间，举办校级活动，协调各个学院的青志中心，每周召开例会，同时又担任自己班的班长，能力得到了很大锻炼。后面学院老师还邀请我担任学院的学生会主席，但当时由于各种原因，我婉言谢绝了。

学生时期的经历对我后来找工作起到了很大的帮助。我大四的时候经过三轮面试拿到了联想集团的 offer，中间也是 PK 掉了好几个浙大的学生，我还是非常自豪的。在联想实习了几个月后，通过了国家公务员的考试，进入海关工作。我在找工作时候的几次面试都取得了比较好的成绩，这是与我之前的学生会工作分不开的。而让我开始学生会工作的契机，就是高二时那一次演讲。如果当时没有鼓起勇气走上舞台，逼了自己一把，相信我的人生轨迹肯定不是现在这样。

所以说，演讲切切实实地改变了我的人生，让我从一个腼腆内向的人，变成了喜欢跟别人交流、愿意开口表达、敢于在公众场合说话的人。也为我打开了一扇大门，走向了更广阔的世界。如果你和我一样，也想突破自己、改变自己，那么不妨从现在开始，好好把握每一次在公众场合说话的机会。展示或者锻炼，都是对自己的一种提升。讲不好没关系，更不要害怕丢脸。要知道，你今天丢的脸，总有一天会给你挣回一个大大的面子。

让我们一起，从现在开始，改变自己。时光易跑，凡事要趁早。

演讲，你可能真的学不会

——于振源

害羞的男孩

有个小男孩，从小在外婆家读书。他是一个不善言辞的人，尽管学习成绩不错，但是在各个学习阶段，都没有当过任何学生干部，哪怕是课代表。他很怕当众表达，老师点名都会脸红，如果上台讲话会紧张得说不出来话。

初中时有一次背诵文言文蒲松龄的《狼》，前一天在家背诵得很熟练。语文课上老师轮流点名背一小段，点到他的时候，他站起来之后大脑一片空白，只背出了一句："屠大窘，恐前后受其敌。"结果后面的 30 秒时间仿佛凝固了，真的是无地自容。

不敢上台的培训经理

小男孩长大了，2008 年从哈工大毕业，通过校招进了海尔集团。在青岛总部工作两年后，因为工作出色，2010 年被派到重庆分公司做培训的相关工作。但是他仍然很恐惧上台，有一次出差给 50 几位经销商培训洗衣机产品，他非常紧张，前一天甚至失眠了。

当天一共 3 位老师，他是最后一个。结果前 2 位都是非常资深的老师，授课非常精彩，台下观众掌声此起彼伏，各种拍照、提问互动，他坐在下面更紧张了。终于轮到他上台了，他一会儿结结巴巴，一会儿语速飞快。台下的听众完全没有了之前老师讲时的配合，低头玩手机的，临时去洗手间的，勉强撑下来 1 个小时的培训，最后台下只剩一半的听众了。他又一次感到了无地自容，感觉很丢脸，同时他也暗暗下决心：我一定要学会演讲。

2 倍速的分享者

再后来，小男孩转行做金融保险，因为业绩出色，多次被邀请去给同事分享，他每次都以各种理由拒绝。而真实的原因是他恐惧演讲，担心会再次翻车。

终于有一次被领导点名了，要求必须做一次"销售心得"分享。没办法，他只能硬着头皮准备，做了 PPT，梳理了重点内容。当天有 80 多个同事到场，他用接近两倍速的语速做了一次干货分享，可想而知，听众反馈平平。

结束以后领导很委婉地说：内容是认真准备了，要是能多几个故事就好了。再一个就是下次一定要慢点儿，你的语速大家有点儿没跟上。我特意给你录音了，抽时间听听。

他躲在洗手间里听了自己的录音，真的是语速超快，全程都是在讲道理，观众肯定听烦了。

经过这么多次翻车，他痛定思痛，一定要攻克演讲这个难关。看到这里，大家应该猜到了。对，那个小男孩就是我。

我必须要说：演讲让人恐惧，但是一旦攻克它，你将拥有神奇的影响力。接下来我讲讲，我一路克服演讲障碍的三个阶段。

第一阶段，找到演讲的套路。

无数名人大家都说自己年轻的时候不擅长演讲，都是后天学习和实践而来的。演讲是一门技术，是有方法和套路的。于是我开始了学习之旅。

首先，我买了很多关于演讲的书：《高效演讲》《即兴演讲》等，我还去听了樊登老师的视频分享，确实帮我打开了一扇窗。原来方法早早就躺在书里了，而我却在闭门造车。

比如，在《高效演讲》这本书中提到了演讲的内容套路就是：坡道、发现、甜点。开场吸引观众（坡道），你可以用提问、数据、故事等；用结构化内容呈现你的论点和论据（发现），可以是黄金圈、时间轴等；最后完美 ending，结尾用金句、故事（甜点），再次印证主题。

另外，我还去看了大量 TED 演讲视频，以及国内外各种演讲比赛的视频，也给了我很多启发。

2017 年我迎来了人生中非常重要的一次分享机会，要在"世界保险互联网大会"做主题分享，现场有 2000 人，线上有几万人，会场是北京会议中心的报告厅。当被通知有这个机会的时候，我是悲喜交加，"喜"的是终于有机会上大舞台了，而且同台的都是行业最顶尖的精英，我作为十几位嘉宾中年龄最小的那个，真的很骄傲；"悲"的是这么多人，我怕 hold 不住呀，万一再翻车，那不只丢我一个人的脸，还有领导和公司的。

从接到任务到上台，还有 1 个月时间，我在焦虑中准备。按书中和视频中的方法论，定好主题、列提纲、准备素材、写逐字稿、做 PPT。这是我第一次认认真真地准备演讲。在正式上台前，我在酒店房间反复练习。结果我被安排当晚最后一个分享，其实我情愿是第一个分享——早死早超生。时间过得很慢，我坐在台下看台上老师侃侃而谈，他们好厉害呀。我更紧张了，开场前竟然去了四次厕所。

终于轮到我了，我一边上台，一边心跳加速，站到舞台中央的时候，射灯直接打过来，根本看不清台下的观众，我本来就晕的状态感觉要崩了。但是，好在这次准备充分，在开场的略紧张后，我渐渐进入状态，努力控制语速，尽量把准备的内容配合 PPT 讲出来。当我讲到我的故事的时候，我听到了台下的笑声，瞬间放松了很多。最终 30 分钟的演讲，我顺利完成了。大家都说我这次讲得不错，甚至有人主动来加我的微信。

这种感觉很好，我甚至有点儿飘。但是我知道，演讲这个技能，我只能算刚入门。

第二阶段，向专业的演讲老师学习。

随着我在公司的职级越来越高，有非常多的机会需要各类分享和演讲，我要讲得更好。

于是，我不再满足于书本的理论，得找更专业的老师学习。于是报名了很多线下演讲课程，希望能得到老师的当面指导。

其中，这么多演讲课中印象最深的是参加朝杰老师"三维演说家"的培训，两天时间帮我再次梳理了演讲的底层逻辑。同时现场练习的过程中也给我做了很多反馈，让我对演讲的理解更深刻了。当然，课程中很多即学即用的方法，比如怎样做汇报，怎样表扬人等，也让我对演讲这件事开窍了。除此之外，课程结束后还有线上的打卡，要录视频。这也倒逼我走出舒适圈，看到差距，非常有价值。

我把课程中的方法陆续在工作场景中不断尝试，身边的同事都说：振源你变化真大，想不想听听你以前的录音，我发你。我说：别别别，完全不需要，过去委屈你们了。

再后来，我接到了很多公司内外的分享邀约，我还成为公司的认证讲师，再后来渐渐地人们开始叫我"振源老师"。嗯，我凭借做演讲真实地放大了我的影响力。

我常跟人说：专业的事交给专业的人去做。演讲这件事，真想快速进步也需要一个专业的教练，"三维演说家"的朝杰老师就是一个很好的选择。我陆续也推荐了好多位学员，甚至朝杰老师还成为我的学习型社群"振源私房课"的特邀演讲老师，当然这是后话了。

第三阶段，其实演讲是"学"不会的。

经常有人咨询我：振源老师，我看了很多书，听了很多课，但是演讲能力还是没有提高。我说：你搞错了，演讲是"学"不会的，是不断实践中来的。

如果演讲有一条捷径，那就是：讲，多讲，找各种机会上台讲。你不要指望一年就做一次演讲，你就能成为演讲高手。相信我，频次太重要了。

我之所以能够从一个害羞的小男孩，成为可以授课的"振源老师"，书本和老师的方法诚然重要，但是最重要的是我一直在"上台"，不管是被动还是主动。我很幸运，我所在的行业有很多这样的机会。

而正是不断地有正反馈，我爱上分享自己的成长故事、实践的方法论等，因为确实可以帮助到很多人。蓦然回首，我突然有影响力了，吸引了一群同频的伙伴在身边，我的线上课程"振源私房课""振源老师品牌训练营""假期黑马营""振源公开课"等累计服务近千名学员，我甚至开始频繁地做直播了。

有疫情的 2020 年，我的各类授课、分享、会议、直播等，一共做了 100 多场，覆盖人数超过 5000 人。

以上就是我跟演讲的故事，希望你有收获！

最后，用我的偶像科比的一句话作为结尾：既然一定有一个人要赢，那为什么不是我呢？

我要说：既然一定有一个人要上台，为什么不是你呢？

▶ 曾因演讲失败失去offer，现在我是演讲比赛季军

——赵卫正

失败的演讲经历

我从小到大是个外向的人，平时生活中与周围的人沟通交流也挺好的。但是，2012 年毕业找工作时我因为上台演讲没发挥好，而失去了 offer。

当时去外企西门子公司面试，面试者都坐在一个房间里，面试官要求每个人上去讲述自己读研期间的科研项目。我第一次参加上台演讲的面试，心里没底啊，紧张到不能静下心来构思。

等我上去讲的时候，看着台下几十个人，顿时非常紧张，只管自己低着头讲，匆匆忙忙讲完后就下台了。回到台下，旁边的小伙伴对我说："你咋不抬头呢，而且讲得太快了，大家都没听明白你讲的内容"，听完我就知道这次面试没戏了。

后来有个同校同学在面试中给我留下了深刻的印象，他在台上显得很自信，并时不时地跟台下的评委和观众互动，回答观众的提问，还在黑板上画图进行解释。

后来不出意料，这个同学顺利拿到了 offer。这次面试经历给了我不小的"刺激"，让我认识到演讲是很重要的一门技能，不仅要干得好，更要讲得好。

毕业后开始工作，有时开会时要当众即兴讲话，但大多数是上台对着 PPT 演讲，我还能勉强应付，没有紧张到语无伦次，但也并不出彩。

2015 年我想提高自己的演讲能力，就去网上查找演讲方面的资料，后来在微博上找到了一个演讲俱乐部，每周都会定期举办演讲活动。于是我找了一个离我比较近的俱乐部，当时就在望江国际大厦，距离我住的地方不到 1 公里。

于是，我开始参加演讲活动，记忆中小伙伴都很热情，在台上演讲特别棒，

但我是一个新手，没有准备上台演讲，就坐在后排听着。

在演讲俱乐部最大的收获是认识了朝杰，记得那时候朝杰在台上演讲，感觉好厉害啊，十分从容自信，于是就加了他的微信。后来陆陆续续去了两三次，2015 年年底由于搬家，就没有再参加了。

参加演讲培训

每年年初我都会信誓旦旦地制订很多目标，但到年底一看大部分目标都没真正实现。2015 年我就制订了目标要学会演讲，但到 2018 年年底还是没有完成。一直在制定目标到未完成之间徘徊，年复一年，没有任何进步。

记得读书时看到扎克伯格每年都会死磕一个目标，比如 2009 年每天打领带上班，2015 年每月读两本书。

我就想，我也要向他学习，一年一个目标，十年后就完成十个目标，也是很大的收获。其实制定很多目标不如认认真真地完成一个目标，于是我定下 2019 年的目标：学会演讲。

目标制订好后，我开始读演讲方面的书，买了《高效演讲》《即兴演讲》等书来看，陆续看完几本书，做了些笔记，但合上书后仍觉得没学到干货，懂得很多理论，却依然做不好演讲。

正苦于不知道如何提高自己的演讲水平时，在 2019 年 3 月，我偶然在朋友圈看到朝杰发的有关演讲培训的相关内容，我心想：这不就是我今年要完成的目标吗？于是我马上和朝杰沟通，先报名去参加了两天的演讲培训。

周末两天的演讲培训，朝杰老师把演讲中主要的理念、技能等都做了介绍，了解到演讲主要从内容、声音和肢体三个维度去呈现。

培训中每个环节都会让学员上去试讲，记得一开始的自我介绍环节，轮到我上去时心里很紧张，站在台上总是左右摇晃。后来经过多次练习，我不再紧张，并且还改正了站姿不正的坏习惯。

当然，培训完后最大的收获是信心，演讲不再让我感到是一件恐惧的事情，并且也有感触：演讲都是有"套路"的，普通人通过刻意练习也能成为演讲达人。

参与线下演讲练习

中国有句古话：师傅领进门，修行靠个人。如果说两天的演讲培训是"师傅领进门"，那么培训完后每周三的线下练习课则是"修行靠个人"。两天培训完后，我开始每周三晚上都去参加线下演讲练习课，持续了半年多。

每次演讲前我都会提前准备好提纲，上台演讲完后会有其他同学和老师点评，指出演讲过程中内容、台风、语速等方面的优点和不足。

通过反复地练习、反馈和改正，我的演讲能力提高得很快，竟然有点儿享受上台演讲了。后来 10 月份的时候我报名参加朝杰老师组织的学员演讲比赛，面对台下几十名观众也不再紧张，还拿下了第三名的好成绩。

学习演讲的体会

通过刻意练习，每个人都可以学会演讲。学习演讲，和学游泳、学骑车是一样的道理，需要去刻意练习，更需要自己去亲身实践。没有人能通过看书、看视频就学好演讲，所以一定要上台讲，然后通过别人的反馈加以改正，之后再去反复练习，演讲水平就会很快提升。

坚持线下演讲练习。必须每周花时间准备演讲，然后腾出时间参加练习才能不断进步，这个过程重在坚持。

参加演讲培训是一项投资，不是消费。我也曾经纠结有没有必要花时间参加演讲培训，万一没有收获呢，那钱不是打水漂了吗？其实《富爸爸，穷爸爸》一书可以很好地解决这个疑惑：富人思维是花钱购买资产。人最重要的资产就是脑袋，脑袋充实，口袋才会充实；而穷人思维是花钱用于消费，用于享受。

参加演讲培训，收获演讲技能不恰恰就是投资吗？而且是一门非常值得的投资，因为回报是一辈子的。

学习演讲两个月，我的脸皮厚度超过了80%的人

——陈伯俊

在学习演讲前，印象比较深的三件事。

第一件：上大学的时候有一次小组讨论，推举我做代表上台总结，一上台，满脸通红，卡壳了，自己感觉很尴尬，随便说了两句就下来了。

第二件：自己行业内的交流会，上台讲一些自己平常的操作经验，在台下的时候感觉自己侃侃而谈。可是轮到我站到大家面前的时候，讲了两句就感觉喉咙堵住了，脑子也跟不上了，就是不知道接下来要讲什么，讲几句就感觉没有内容了。

第三件：大学毕业十周年的同学聚会，有几个同学上台讲大学时候发生的有趣的事。轮到我讲时，事情很有趣，可是讲着讲着自己就先笑起来了。

这其中，第三件事对我刺激比较大，我觉得自己要练习一下演讲了，不能一直这样子。机缘巧合下，加了朝杰老师的微信，关注了很久，一直没找到机会。终于在2019年5月下定决心，找老师报一期演讲班。

上课的第一天，上台做自我介绍，这次感觉自己讲得还过得去，至少是长大以来第一次完整讲完的。下台后老师跟同学点评我肢体动作不好，手背在后面，接下来经过两天的系统学习，收获很多，知道了完整的演讲怎么准备，怎么练习。在第二天下午结业演讲的时候完成了人生中的第一次6分钟完整演讲，终于收获了一点儿信心。

接下来，还有21天的线上练习，结束后又完整地参加了两个月的线下每周三备稿演讲，那两个月真的是感觉自己每周都会进步，因为每次演讲之前我都会在家里花两天时间准备资料，然后再完整地讲一遍，甚至每次跑步的时候脑袋里想的也是备稿演讲的内容。

两个月后由于某些原因，从杭州搬到福建，很遗憾没办法再每周参加演讲练习了，但是，之前两个月的练习还是让我有了比较大的成长。

演讲给我带来的变化。

第一，讲话懂得挑重点讲，反复强调并总结重点内容，让自己更有说服力。

第二，感觉自己脸皮厚度至少可以超过 80% 的人，后来我参加了另外一个培训课程，这个课程非常重要，但平常上课大家都不敢发言，就我比较爱说，因为之前学演讲已经让我练出了自信和经验。结果也证明，敢发言的效果还是很好的，我在这个培训中受到了老师和同学的赞许。

第三，感觉更自信，比之前更善于总结经验，做事情条理性更好。

因此，感谢演讲学习过程中的所有听众，是你们鼓励的目光让我收获进步。感谢学习演讲过程中认识的朋友，大家的相互交流让我受益匪浅，大家的演讲内容让我打开了一扇新的大门。

感谢朝杰老师每次精彩点评，不管讲的程度如何，老师都能做完整的点评并给予鼓励，朝杰老师常说：你尽管演讲，没法点评算我输。哈哈哈，谢谢！

从怯场退缩到演讲自信，我经历了2+21+3

——资深兔子

回想 2019 年，哪件事使我感受最深、对我个人提升最大，甚至想在 2020 年继续扎根的呢？掐指一算，可能是 5 月份参加三维演讲培训，这个培训不仅使我掌握了演讲方法，内心更充满了自信和力量。

我算是一个性格开朗活泼的人，上学期间对于一些演讲、人前讲话并不会如工作以后那么胆怯。不知何时起，可能追逐理想和对自己要求高了，或者不愿意出丑吧，在人多的时候发言或者上台讲话，总是莫名地抗拒，能找理由推脱或找借口，就绝不上台。

特别是发生了两件事情，第一件事情是在某次单位与客户的业务交流会上，在客户面前莫名其妙地紧张，手抖得厉害，拿着演讲稿的纸也跟着抖得厉害，我脑中顿时一片空白，不知道是怎么样硬撑着直到交流会结束，真是糗大了。

第二件事情是参加孩子的家长会，老师让表现好的孩子的家长做经验分享。当时我已经准备好了稿子，却临阵退缩不敢上台演讲，失去了给女儿做榜样的机会。

这两件事情对我影响非常深，所以我意识到，一定要去找一个专业的演讲师。出发点很简单，就是希望自己不要在人前出丑，迎接和挑战自己，发现更自信的自己。

偶然的机会在一个微信交流群看到了三维演讲，当时那个文案吸引了我，正面击中了我的需求，大概是说你在人前讲话恐惧紧张，不要害怕，参加三维演讲，可以改变自己等这些内容。抱着试试看的心情，参加了培训班，没想到的是，我们这期的培训班干货不少，受益良多，主要是两点：

第一点是感动。感动于同学们的求知，正应了那句话，学霸们都在努力，你还有什么理由不用功？班上 12 位同学来自不同的行业，有律师、银行的中层、IT 高管、电商私营业主等。

三分之一来自全省各地，大家都很优秀，目的只有一个：摆脱演讲的恐惧，学习演讲的技巧，自信地在人前表达和演讲。在这个培训结束以后，大家都有不同的收获。被老师的认真敬业所感动，特别是课后 21 天打卡，不管同学基础好坏，对每一个学员都会积极鼓励。

第二点是感悟。老师的课程详细介绍了演讲的三个维度：演讲内容、视觉、听觉，感悟到系统化的培训很重要，其次 2+21+3（2 天培训 +21 天线上打卡 +3 个月线下每周实地演讲），这样的模式属于刻意练习。

另外，老师每次点评加以鼓励，增强了我的信心，这与我最近看的一本书《语言的突破》中戴尔·卡耐基说的增强自信心不谋而合。我相信在演讲的道路上会越走越顺，成为最棒的自己。

回顾当时自己接触演讲的初衷，是想让自己在人前讲话不怯场，胆子大一点儿，现在通过一系列的培训和刻意练习以后，不仅实现了这个目的，更结识了一批勤奋努力充满正能量的伙伴。感谢三维演讲，只要按课程内容做到刻意练习，演讲将带给自己快乐，发自内心的愉悦和自信。

最后我想说的是，虽然在学习演讲之前，可能我的同事和朋友们看不出我的恐惧与紧张，但当时内心真的害怕。如今改变是真实存在的，通过三维演讲培训和一些线下的刻意训练，使自己内心充满自信，充满阳光，让我不知不觉喜欢上了演讲。

演讲自信带来沟通自信，沟通自信带来领导力的自信，愿你也能有机会登台演讲，遇见更好的自己。

演讲高手是怎样炼成的

——王小球

各位伙伴大家好，大家都应该听过这句话：你的外表对得起你的学识吗？同样，套用一下这个格式，我想问问大伙儿：你的说话能力对得起你的内在丰盛吗？在座的我们大多都是会做不会说，专业能力、行动力都胜过演说能力的职场人，也在生活中经历了很多不擅于演讲带来的尴尬事件，那么让你最恐惧的一次演讲经历是怎样的？

下面我就来分享一下令我难忘的三段演讲经历。

第一段是 16 岁的时候，高二的一个下午，老师组织全班同学跟高一新生一起上公共关系课，我们坐在最后一排听课。一上课，老师突然让我们班派个代表上台讲两句，老师突如其来的想法让我们措手不及，同学们都你看看我，我看看你，时间过了 3 分钟，居然没有人上去，班长也没起身，作为学习委员的我想，可不能丢脸呀，但是对于公众说话我是没有丝毫经验的，平时也是胆小的女生，但是我讲些什么呢？我平时比较喜欢写散文，学校广播台经常会向我征文，于是我就站起来走向了讲台，背了我近期写的一个短篇，现在我还记得某些内容，鼓励大家一起扬起风帆向理想的灯塔前进，没有卡壳，但是没有实质的内容。虽然被老师表扬，但是我感觉自己没讲好，其实还是给班里丢脸了。这是我第一次面对很多人讲话，记忆深刻。

第二段记忆比较深刻的演讲经历，发生在 5 年前，我是德高防水品牌的代理商，作为杭州的代表去参加公司在河南办的一场经销商培训会议，当时我们也像现在这样分组讨论，选组长的时候跟我同房间的上海经销商居然把我的名牌给举起来了，就这样我被推上了舞台。那是一个很正式的酒店会议厅，有一两百人吧，作为组长的我需要将小组成员讨论的观点表述清楚并举证其可行性。等候的过程是最痛苦的，我深深地体会到这句话，前面的学员都非常优秀，一个个侃侃而谈，我上台的时候腿有些发抖，面对台下乌压压的人头，脑子一下子短路了，声音还抖得厉害，在停顿调整呼吸一会儿后，我镇定下来，把结构讲全了，但是具体的阐述上还是很欠缺，没有完全把事情讲清楚，感觉很惭愧，对不起同组的小伙伴，没有把大家的智慧精华展示出来。

从那次回来之后，我开始有意识地了解演讲方面的知识，但真正行动起来是从去年。去年在一个学术交流会议上我有幸认识了同是做涂料行业的丁老师，他不仅事业做得好，演讲能力也是超一流，之后我们成了朋友，他说自己的生意都是靠说回来的，于是在我的心中便种下要学习公众演讲的种子。

随着公司的规模越来越大，工作的需要要求我会讲话，今年 6 月份的一次新店开业活动，是我有史以来最重大的一个事件了，三棵树公司把我作为优秀经销商重点扶持，于是第三段上台演讲经历就来了。这次区别以往，我花了两天时间写了逐字稿，并发给李朝杰老师帮我修改，来来回回，调整了 5 次，我还特意跑到三维演说家请老师辅导了两个小时，练习了三遍，经过老师的指导，整个思路结构瞬间很清晰，接下来的两天，开车的时候、等客户的时候我都在背稿子，在演讲当天在家练习了半天，而且自拍视频练习动作、语速。功夫不负有心人，这次的演讲掌声不断，那天晚宴我是最亮的一颗星，分享结束之后很多我不认识的人来敬酒，纷纷要加我的微信。

以上是三段令我很难忘的公众讲话经历，从 16 岁到 30 岁，再到 40 岁，从纯真的勇敢，到害怕和逃避，再到追求卓越。

事实证明，演讲确实是练出来的，所有精彩的演讲都来自充分地准备，相信经过 1 万小时的刻意练习，加上建立自己的素材库，我们都可以轻松上台，把我们的思想、经历、智慧、感悟、经验分享给更多人。

我们的人生会有很多挑战，从出生到现在，用 4 个月学会翻身，8 个月学会坐立，1 年学会走路，寒窗苦读十几年，只要坚持一直学习，所有的困难都会有解决方案。不管当下的社会怎么改变，我们都可以通过学习活得更精彩，拥有闪闪发光的未来！

我和女儿一起学演讲，成就了良好的亲子关系

——汪芳

最初学习演讲，完全是为了女儿。大女儿读三年级的时候，我就发现她不太擅长表达。学校里也很少主动举手回答问题；出去参加活动，只要是人多的时候，她就刻意躲起来。这让我十分担忧：孩子不擅长表达，就缺乏自信，没有自信就更不想表达，久而久之形成恶性循环。这也许会影响她的性格，乃至未来的发展。

一想到这个，作为家长就开始焦虑起来。我利用周末的时间，经常带孩子参加各种表达输出的活动，比如亲子演讲、樊登读书会，为了给孩子做榜样，我每次活动都是主动积极地去参与，比如自我介绍、讲故事等。

一个偶然的机会，我认识了老王，一个曾经在阿里巴巴做培训师，后来为了陪伴孩子成长选择辞职出来做自由讲师的前辈。他对于演讲有一套自己的教学体系，并且通过他的方法，能迅速掌握一些演讲的技巧。我毫不犹豫地报了名，想和女儿一起学习演讲。但无奈，这样的课程只针对成人。在经过了两天的刻意练习之后，我对演讲的兴趣越来越浓，甚至萌生了在我们社区办一个少儿演讲俱乐部的想法。

我把这个想法告诉老王的时候，得到了他极大的支持。说干就干，我叫上孩子班上的几个同学一起，每周五开办演讲活动，因为没有经验，几乎是摸着石头过河。有时是介绍一本书，有时是讲一件难忘的事，或者就是看图说话这样的简单内容。就这样，一个小打小闹的俱乐部也办了快一年。

这期间，孩子的自信心在逐渐提高，当众讲话也变得不再恐惧。我自己不知不觉也取得了明显的进步，在公司演讲比赛中获得前三名，又顺利当选公司的荣誉讲师。不仅如此，我还大胆去企业里讲课，关于中产家庭的保险配置，以及

高净值客户的财富管理，职场上不同性格的人如何沟通等内容。虽然是义务讲课，但在这个过程中我学习的演讲知识、肢体表达、结构化思维，都无形中帮助了我。

再后来，我参加了浙江省培训师推优大赛，通过选拔进入了前 16 强，并因此结识了一位年轻的培训师——专注做演讲培训的自由讲师李朝杰。他的三维立体演讲让我眼前一亮，我开始慢慢意识到，演讲不仅需要方法和技巧，更重要的是不断刻意练习。而李老师每周为学员们提供的刻意练习的机会，不光涉及职场工作汇报、会议发言这种实用性很强的内容，还有教你如何做 5 分钟的演讲，怎样说服他人等生活中能遇到的场景式沟通。

去年疫情期间，我还送女儿去上了李老师的青少年演讲训练营，几节课下来，女儿非常主动地要给我讲关于她们学校发生的人和事。孩子在跟我陈述一件事情的时候，有了逻辑性和层次感，更让我欣喜的是，她的作文比之前有了很大的进步。

我自己日常也从事销售工作，在面对不同客户的时候，沟通表达方式也不一样。在没有学习演讲之前，几乎都是按照公司的销售话术来与客户交流。学习了演讲后，慢慢懂得了共情、幽默、倾听、赞美、认同等优秀销售人员所具备的沟通能力。

回望这三年，我在演讲这条路上的经历和收获，总结为三点：

（1）演讲是每个人都需要具备的一种能力，它时时刻刻都在我们的生活中运用。

（2）学会演讲，不仅可以增加自己的职场竞争力，还能提升个人魅力，是一举两得的一门技艺。

（3）只有通过反复不断地刻意练习，积极的反馈，总结思考，演讲能力才能不断提高。

接下来，我也希望能把这些年学习到的演讲方法分享给身边的人，不仅是职场人，还有孩子们，让人人都爱上演讲表达。

爱上演讲，从加入一个演讲共同体开始

——朱均伟

演讲，我现在依旧不优秀，但改变却是实实在在的。此文回顾往事，也浅聊点滴心得，希望能够对正在学演讲的你，起到些许帮助。

这一切要从两年前的一次相遇说起。两年前的一天，偶然在朋友圈知道了朝杰老师，遂参加了老师两天的周末演讲课，算是正式开启了我学习演讲的大门。

为什么学习演讲？因为有用且需要且迫切。有用在于，演讲能力高超会带来很多工作机会。需要在于，我的岗位需要不断地与人对接沟通，当众讲话是必备能力。迫切在于，伴随着职业发展，发现表达是我的短板。

两天课程下来，了解了演讲的知识脉络，找到了学习演讲的门路，认识了专业的导师，加入了演讲的学习共同体。于我，这是一个非常重要的改变契机，我推开了学习演讲的大门。

学习演讲，最快能上手的是演讲的方法。

比如，金字塔原理的思考表达方式，演讲的内容结构（开场白、主旨、内容、结尾），手势、站姿以及各种已经成为框架的东西。方法之所以为方法，就是因为它已经是从无数现实中总结出来的大概率为真的经验。

掌握方法的关键在于有反馈调节的刻意练习，有意无意地使用他们，形成思维记忆与肌肉记忆。参加演讲培训最明显的好处就是能快速了解演讲的通用方法，并取而用之。并且在学习共同体内，持续进行有导师反馈的刻意练习，这不是个人单独学习可以做到的。

根据世界正态分布原理，大多数人的演讲水平基本处于中等水平，所以掌握一些演讲方法，演讲效果短期内会有明显地提升。何乐而不为呢？

演讲是职业生涯中的一项核心能力，核心在于难。

从出生以来，我们已经持续二三十年的说话，现在要重新给心智程序替换上一些新的思维、表达模式，难。就拿我自己来说，表达有以下问题。

一级，口腔习惯问题：发音不清晰、咬字不准确、声音不悦耳。

二级，讲话习惯问题：有口头禅，有时会卡壳，会吞字。

三级，表达技巧问题：声音感情不丰富，表达技巧（停顿、音调）不熟练。

四级，表达思维问题：讲话不清晰准确，逻辑不够清楚。

五级，表达意图问题：讲话是否考虑影响，能否达到讲话目的。

从一级到五级，由浅入深，从肌肉模式、语言模式到思维模式。任何一个小改变都需要持续地练习，才能用新模式替代旧模式。

从效用的角度来讲，如果我们的目的不是做演讲大师，而是投入足够少的时间，在工作与生活中达到不错的水平，那我们的关注点就是补短板中的短板，接纳不足，从追求完美到追求满意。

方法的核心在于刻意练习，但是想要达成核心模式的改变，就需要持之以恒的投入，使其成为习惯。

比如，每次说话，我都张大嘴，努力发音清晰准确；随时注意自己说的每一句话，是否用词描述准确，有没有口头禅以及无用的词；如果现在7点了，那么我就去练习绕口令。

学习演讲，我们会遇到很多次与心的对话。

方法可以刻意练习，核心模式可以通过习惯培养，但心需要我们自己去对话。

第一是恐惧之心。当众演讲，恐惧是常事，有人做过调研，包括演讲大师，上台也会紧张。恐惧是内心害怕面对不安的场景，与演讲无关。需要安抚内心，不怕，不抗拒。用演讲的行动去告诉心，演讲很安全，带着恐惧去演讲。

第二是接纳之心。刚开始学习时，翻看自己演讲视频和听演讲录音，是一件极其难受的事情，自己的表现不符合心中预期，由此产生抗拒。但是如果不去正视昨天，怎能在今天成长？接纳不完美，努力进取吧！

第三是退缩之心。习惯之难，难在坚持。若是使用"坚持"二字，则意味着行为大多是痛苦的，最终会放弃。倒不如爱上演讲，不为名利，不为荣耀，只为热爱演讲，做到此，才能持之以恒。

第四是嫉妒之心。别人比我讲得好，有人比我进步快，在社会比较中患得患失，将外在评价当成行为目的，将个人表现与自信绑定。放弃自己的表现，只关注自己，你心即宇宙。

爱上演讲，从加入一个共同体开始。

爱上演讲本身，才能持之以恒；接纳自己，才能排除情绪障碍；刻意练习再搭配习惯持续，改变就会发生。

最简单的行动是，参加一个演讲培训，加入一个演讲共同体，从拥有一个改变的契机开始。

愿我们都能在一米高台，如黄鹂放声，鸣得了翠柳，迎得来春天。

上台是成长的必经之路

——"三维演说家"某企业演讲课学员

首先有一个小问题想问大家，那就是，我们为什么来上这个演讲课？我的答案稍微有点开玩笑的性质，是为了吵架能够不输，但是我认为大部分人应该是为了能够让自己以后上台不紧张，能够镇定自若，其实真正想要得到的也是如此，因为上台这件事真的很能影响一个人。

所以我今天准备和大家聊一聊上台究竟对我们有什么影响，我认为每个人是对自己有要求，是想要成长的，那上台一定是必经之路。

我就拿我自己的亲身经历，给大家举一个简单的例子。

我从小就是一个很内向的小孩子，而且也没有什么很远大的志向，读初中高中的时候也很低调，不希望受到过多的关注。而且我是一个典型的死要面子活受罪的人，从来不允许自己做很丢人的事，说很丢人的话，只希望做一个普普通通的人。

但是慢慢长大以后，接触到更多的人和事以后，人还是会变的，上了大学以后就会觉得能够出现在人前也是一件很好玩的事情，而且能够交到更多朋友，所以那个时候费尽心思地想要挤进学生会，然后慢慢地开始了自己的救赎之路，渐渐地我就能做到在熟悉的场合做发言，主动参加活动。

重点来了，等到大二，学生会要更新换届，由于当时表现得很好，我的部长强烈要求我能够接替他的位置，也对我有很大的期待，乍一听我是很感兴趣的，当领导多好啊，可是听说要在全系学生面前做竞选演讲，这个时候我就怂了。

在这种陌生且大的场合我还是不敢上台，美其名曰我对部长什么的不太有兴趣，而且感觉自己也做不好，然后就放弃了，其实我的内心是非常想去的，但是就是不敢上台，这导致之后我的部长对我很失望，也让我失去了很多机会。

毕业以后找工作，因为对广告好奇就去了一家地产广告公司，开始了我的职业生涯，刚开始一直是小 AE（客户执行），打打杂。对接项目，方案提报什么的也是由师傅来做，去跟甲方开会也是默默地坐在角落做笔记，完全没有存在感。

可是过了两年，觉得自己这样下去不行啊，同龄人都在步步高升，我却停滞不前，我就问了当时的领导我该怎么办，领导给我建议就说：要想成长，就需要把自己暴露在人们的视线当中，让别人去发现你，看到你身上的价值。

当时的我，甲方连我的名字都不知道，更不要提价值，所以从那以后，我开始独立开会，再到后面上台提报，虽然还会紧张，但是可以算得心应手了，以至于我现在才有机会能够做到策略指导，能够带团队，做到面对甲方的问题不怯场。

但是我还是有成长空间，所以我来上这个课，我希望大家能够在什么场合都勇于上台，这是你成长的必经道路，谢谢！

学习演讲后，我加薪了

——陈美霞

大家好，我想给大家讲讲我和三维演说家的故事，希望能给大家在学习演讲之路上带来帮助。

我从小就是一个内向害羞、不自信、不擅长表达的人，上大学之前甚至从来没说过一句普通话，大学开学的第一天，宿舍同学问我一些事情，我说的每一句话，她们都要问：听不懂，你再说一遍？

到了职场上，因为不擅长表达，给我带来了很多苦恼。三年前，我们公司新成立了一个国际采购部门，我和另外一位同事有幸成为第一批国际采购。当时我的专业知识相较于他而言高出不少，但是和领导做工作汇报时，他总是能三言两语把事情说清楚，而我经常不知所云，于是领导对他越来越信任。

在2019年底的一次年终总结大会上，公司总裁也在场，我和他同时被要求做工作汇报。在会议上，他在我之前做的汇报，整个过程不紧不慢，普通话标准，表达非常清晰。轮到我的时候，不仅说话啰唆紧张、面红耳赤，而且表达非常不清楚，私底下大家对我和他的评价就是：一个是干活的，一个是天生干领导的。

这件事情之后，领导对他更加信任，即便我和他之间发生了冲突，领导也认为是我哪里做得不够。三年里我的同事晋升非常快，从主管到经理，而我还是原地踏步。这件事情对我打击非常大。

于是我决定好好学习怎么说话，开始的时候我自己跟着喜马拉雅练习普通话，每天早上跟着读，过了两三个月，我发现还是没有任何进步。后面又跟着学习发声，这是我人生第一次付费学习，花了200多元，练习了两个月后，明显感觉自己发声更有力量了，但是因为后面没有坚持，这种进步很快就消失了。

最后我在一位大咖的微信公众号上看到一句话：如果你想快速提升职场能力，就请学习演讲。于是当天我在各大微信群里询问怎么学习演讲，我问到了好几种付费学习方法，也知道了好几家演讲培训机构。我分析了一下，除了三维演说，其他培训机构都不能提供后续的培训场所。

还有一个原因是，我第一次看到朝杰老师的时候，他不像之前的培训班老师那般张扬，而是让人感觉很踏实。我坚信老师自己肯定经历过克服自卑的过程，也能让我克服自卑的心理。于是我最后选择了三维演说。

在 2021 年 8 月份开始了演讲训练之路，参加了两天集中学习，后面只要有空，每周三晚上都会过来练习。渐渐地我发现自己站在讲台上的心态发生了变化，从开始惧怕别人看我，到开始渴望别人看我，再到期盼别人能记住我。

这样的变化给我在职场上也带来了看得见的进步，就在这周四我刚刚通过了公司的中级采购职称评审，并且获得了第二名的好成绩，这之前朝杰老师帮我做了一次 PPT 内容的修改，同时我私底下也做了十几遍的练习，这次提升意味着和主管是平等的职位。

我喜欢读书，也经常参加读书会，但是以前参加读书会的时候，我只是一个默默的旁听者，不敢分享想法，现在我敢于表达，成为读书会的分享嘉宾。我参加了 11 月份"三维演说家"秋季演讲比赛，也获得了老师和同学们的一致好评。这一切给了我极大信心，原来演讲学习真的能从内到外改变一个人。

根据我的演讲成长之路，总结来说做到了三点：

第一，专业老师的耐心指点。

第二，坚持练习，参加线上打卡和线下练习。

第三，把握生活中各种当众演讲的机会。

送给大家一句话：演讲学习的道路上没有电梯，只有一步一个脚印的楼梯。也希望各位在学习演讲之路上和我一样坚持，人生之路越走越宽。谢谢大家！

▷ 演讲是个人影响力的超级杠杆

——夏亚芳

大家好！今天很开心能以老学员的身份在这个熟悉的讲台和大家做交流，也很感谢朝杰老师给我这样的机会。我是三维演说家 2021 年 1 月和 7 月初阶班的学员夏亚芳。

先简单介绍下我的情况。我是做企业合规的，现在在一家专业做美术艺考培训的公司负责企业上市工作；我也是一个 12 岁女孩的妈妈，如何和青春期的少女斗智斗勇、和平共处，以及两代人如何一起成长是我现阶段比较感兴趣的方向。同时我也是一个终生学习者，从 2017 年在职考研；2018 年开始为自己读书，坚持每个月读一本以上的书；2021 年拥抱新技能，包括演讲、职场沟通表达、家庭教育等。这就是我，一个 12 岁女孩的职场妈妈，一个终生学习的践行者。

在开始我的正式演讲之前，我想先和大家分享一件最近发生在我身上的事情。

时间倒回到上个月初，我去上海参加一个资本市场学习班的开班典礼。活动进行到后半场的时候，主办方小 D 突然走到我身边，轻轻地和我说："亚芳姐，待会我们会有一个学员分享环节，我们想邀请你作为新生代表发言，可以吗？"这个邀请对我来说真的很突然，如果换作以前，我一定不近人情地婉拒了，但神奇的是那天我答应了。

我开始集中注意力整理思路，打腹稿。虽然没有第一时间想起"赶回来"这个模型，但还是在模型的潜意识指引下，很快梳理了三点。第一，要感谢主办方；第二，说说我和这个场的链接以及下午课堂的亮点；第三，祝福大家。等我腹稿打完也差不多上台了。过程中虽然还有点小紧张，全程双手握住话筒，身体不自觉地站在讲台的一角，但我知道我成功了。走下讲台的那一刻，邻座美女董秘给我竖了竖大拇指，又送来了肯定的眼神。

活动结束的时候，有三五同行走过来，对我说："夏总，您的讲话很精彩，让我印象深刻，加个您的微信吧。"说实话，那一刻我真的有点受宠若惊，第一次在正式的场合做公开讲话，能受到这样正向的反馈和鼓励，所以当天晚上我就非常兴奋地和朝杰老师分享我的进步，也才有了此刻的交流和分享。

言归正传，今天我演讲的题目是《个人影响力的超级杠杆》，和大家聊聊我在三维演说家学演讲的那些事，我主要分三个方面来展开。

第一，说说我为什么来学演讲。

我先给大家讲两个小故事吧。

第一个是 2017 年之前我在前东家的故事。我的直属领导是一个专业的资深董秘，他非常需要一个得力的干将，也很有意愿培养新人。有一次，我和他一起外出办事，他正开着车，突然和我说："亚芳，其实这段时间公司的会议很多，你可以利用这样的机会，说说你的观点。"领导说这个话的时候，声音不大，语调不高，但我知道他是举重若轻，意有所指，那一刻我真的非常尴尬。因为那段时间公司正在做融资项目，我们有非常多和券商、律师、会计师等中介机构以及公司内部高管沟通交流的机会，作为全程参与了这个过程的公司主要牵头人之一，我有义务说点什么，但是在很多次这样的会议上，我表现平平，极少有自己的声音。后来，这个事情也就不了了之了，我也没有对领导的提议作出很好地改进和回应。

第二个故事发生在 2018 年读研时期。上了两个学期的课之后，我发现一个现象，不管是 50 多人的小班课，还是 150 人多的大班课，能勇敢地站起来积极主动地回应老师的提问，并且逻辑清晰地表达自己观点的同学，常常屈指可数，而且永远是那几个熟悉的身影。于是我就想，这些所谓的职场精英，究竟是害羞，还是在害怕什么呢？再后来，我在阅读的过程中，看到两句话，是关于演讲的，让我印象非常深刻。第一句是：如果一个人想给自己的影响力加个超级杠杆，那演讲一定是在非常靠前的顺位上；第二句话是：如果一个人从 80% 的竞争者中脱颖而出，那一定是那个最会讲故事的人。

就这样，我从 2019 年开始，就留意身边一些关于演讲的培训，后来在浙大的校园讲座上遇到了谦逊、亲和而又专业的朝杰老师。在那一刻我就下定决心，我一定要来报名。这就是我为什么来学演讲的初衷。无论是我的亲身经历，还是达人语录，都告诉我，演讲是一项必不可少的技能。

第二，和大家聊聊我是怎么学的。

首先，不急躁，不功利。

为什么这么说呢？我先大概介绍下我的学习过程。我是 2021 年 1 月上了初阶演讲课，第一次，21 天的打卡坚持了 5 天。然后 7 月 21 日我来复训了，坚持完了 21 天打卡。体会非常明显的是，这次打卡的输出效率要比第一次高很多，整体感觉也不再那么困难。8 月之后大概 5 周左右的时间，每周三我来线下练习。9 月之后，因为孩子学习的原因我逐渐减少了时间。

坦白说，或许不急躁不功利的心态听上去像是我给自己找的借口，但对于一个职场妈妈，在平衡工作、家庭之后，在个人成长上能有一点点进步，享受每一次在三维演说家与各行各业热情向上的小伙伴思想碰撞的机会，并从他们身上汲取能量，这对我来说，已经是非常珍贵的体验。所以可以说，学习演讲的过程中，我的期望值在合理区间，我用的力不是最猛的，而我的收获是自己满意的。

其次，坚持长期主义。

在正确的道路上，让无意识成为有意识，进而成为下意识，以润物细无声的方式，不断精进提升。正如我前面所说，其实到目前为止，我整个学习的节奏并不紧凑，真正的成长和体会是在 7 月份复训及连续的周三练习之后。但实际上，从第一次上完课，我还是有意识地在日常工作生活中运用"金字塔结构""讲三点""观音按揭"等思维。

例如，我们每周一早上有例会，轮到我发言的时候，我会提前准备内容，梳理下表达结构，是"一二三"来讲，还是"观音按揭"的思路，哪个表达更简洁明了，易于听者接收信息。再比如，以前我和女儿沟通，其实是在最放松的状态下，想到哪说到哪。现在我则有意识地想一想，我究竟想和女儿说点啥，怎么说清楚。女儿讲话的时候，我也会有意识地想想她表达的点，说的是内容还是情绪，还是对妈妈的期许等。在一点一滴的坚持中，我能感受到自己在表达上的一点点进步，虽然还没到下意识的境界，但这是一个可喜的值得自我肯定的开始。

最后，我和大家分享下，我学习演讲的三点粗浅心得。

一是，是道的层面，清晰地认识演讲的重要性。

无论那些商场中侃侃而谈的大佬，还是我们阅读过程中了解的，在发挥个人影响力以及职业发展方面，演讲的重要性显而易见。因此，我认为在个人职业发展过程中，我们应该把演讲作为最应当储备的技能之一，给予最高的优先级。

二是，要讲、要持续地讲、要持续公开地讲。

我们说，知识永远只是书本上的知识，或者别人的知识，只有让知识经过我们的身体，经过我们的思考和实践，才能从模糊到清晰，从抽象到落地，才能真真正正成为可以为我所用的技能。正如古人所说"纸上得来终觉浅，绝知此事要躬行"。

三是，怀着虔诚的心积累古诗词和金句。

我为什么这么说呢？因为这是一座巨大的金矿，蕴藏着无限深邃、博大智慧的金矿。跟大家分享下我学习过程中的一个体验。上周末的时候，我陪女儿做作业，有一项是古文背诵。原是为了让她提高点效率，所以我就和她一起读、一起记，看着看着，我自己被吸引了。书上是这样写的："天下事有难易乎，为之，则难者亦易矣，不为，则易者亦难矣；人之为学有难易乎，学之，则难者亦易矣，不学，则易者亦难矣。"大家仔细体会一下，这话是何等的精辟，又是何等的深刻。我当即就被深深地折服了。

以上是今天我和大家分享的全部内容。

对于演讲的学习，我记得《道德经》中有句话，叫"有道无术，术尚可求；有术无道，止于术"。希望大家在道的层面，深刻地认识演讲的重要性，作为个人职业发展一项重要的必备技能之一，越早掌握心法，越早为我所用。其次，术的层面，就是要不断地讲，把握一切可以争取的机会，多多练习。正如卖油翁中说的"无他，唯手熟尔"。另外，也建议大家留意下古诗文以及金句的学习，或许有意外的收获。

最后，祝福大家都能跟着朝杰老师，练好演讲的武功，利用好演讲这个超级杠杆，为实现自己理想的职业目标添砖助力。

演讲让我遇见更好的自己

——沈垚

各位亲爱的朋友，大家下午好：

此刻我有些激动，不仅因为我人生中最重要的两位导师，振源老师和朝杰老师就坐在这里，同时还有这么多才子佳人、业界精英共聚一堂，和大家交流感到非常荣幸，再次感谢两位老师给我这个机会。

大家注意到没有，我的名字"垚"有三个土。一颗种子，没有好的土壤，就无法生根发芽，振源、朝杰老师就是我的土壤，给我营养，助我成长，毫不夸张地说，没有两位老师，就没有今天的我。

我的三个标签。

听过朝杰老师课的同学都知道演讲先要自我介绍，还要说三个标签，今天我想让大家来猜猜我的标签：

（1）星座，大家知道这是什么星座吗？天蝎，天蝎的三个特质在我身上全部具备，认准就专一、坚持的能量、超强第六感。第一个标签，资深天蝎。

（2）职业，每天对着电脑的工作，我是浙江大学电子信息专业毕业，第一份工作是在华为做软件工程师，现在在中国移动做营销策划，都是每天对着电脑，区别是以前敲代码，现在写文案。第二个标签，通信达人。

（3）爱好。从这张照片可以看出我喜欢什么吗？看书，旅行，这是我之前在香格里拉旅行，窗外就是卡瓦格博峰，翻开一本书，感觉身体和心灵都在路上了，超级美妙的体验。第三个标签是终身成长者，让知识和旅行丰富我的心灵。

今天我分享的是跟两位老师学习的成长感悟，希望大家听完后可以给我反馈和建议，帮助我更好地进步，谢谢大家。

第一个关键词：灯塔。

我今天的分享围绕着三个关键词展开，第一个关键词：灯塔。

不知道大家有没有过这种感觉，当我们在人生的黑暗中独自摸索着前行时，特别渴望有一个人能帮我们指点出路，就像灯塔一样照亮前方，让我们不再迷茫，不再害怕。几年前，我看似名校毕业，有着一份光鲜体面的工作，但内心却十分煎熬。因为我知道自己正在像一只青蛙一样被温水无情地煮着，我渴望成长，买了很多课，也看了很多书，但似乎并没有什么效果，直到有一天，我遇见了我的灯塔。

2017 年 12 月的某天，我在混沌大学的读书派活动上，遇见了朝杰老师，那天他来分享关于演讲的技巧，他说他是李连杰的弟弟李朝杰，我这个人平时最记不住别人的名字，但这么特别的自我介绍，让我一下子就记住了朝杰老师的名字。记得他上来一句废话没有，直接进入主题分享干货，关于演讲的结构、声音、手势都做了详细的介绍，真是令人叹为观止啊，这是我人生中第一次遇到能把演讲讲得那么清楚，同时自己演讲又这么棒的老师，不用说，就是他了，我认定这就是我演讲路上的导师。后面我就报名参加了朝杰老师的三维演讲训练营，去年还参加了复训。在朝杰老师的系统培训下，我不仅掌握了演讲的基本技巧，还在训练营的线下活动中锻炼了实战能力，通过演讲，朝杰老师为我的人生打开了一扇崭新的窗，感恩朝杰老师。

我曾经说遇见朝杰老师是我人生最幸运的事，因为他不仅是我的恩师，而且通过他，我还遇到了人生另一位重量级导师，振源老师。2021 年 11 月，因为疫情几乎一年都没怎么参加活动的我，竟然去了三维演讲的线下活动，为什么呢？因为振源老师的海报吸引了我，里面提到他从收入 30 万做到年薪百万，不可否认，我也只是个俗人。那次振源老师的分享真是一次洗脑，好多知识点都刷新了我的认知，比如时间不可管理，可管理的是自己；有目标有想法就行动，在奔跑中思考；假如在团队中做着每个人都会做的事，那就是 nobody。听完分享我做的第一件事，就是报名了振源私房课，因为我不想再做 nobody。在私房课上，激发了我久违的学习热情，除了吃饭、睡觉和上班，我不是在听课，就是在写作业，不是在写作业，就是在做实战。两周过去了，我有一种获得新生的感觉，感恩振源老师，用各种灵魂拷问把我从沉睡中唤醒，又用各种全新的认知武装了我的头脑，我的世界从此开始不同。

我想问下大家选择导师的标准是什么？我分享一下我的秘诀，就是看看这位老师是否知行合一，说大白话，就是他是否做到了自己说的，还是说一套做一套。我们经常看到这样的老师，自己讲亲密关系的，和另一半的关系却是一团糟；自己讲身心健康的，却完全控制不住情绪；自己讲企业管理的，开公司却是做一家倒一家。我选择导师，只有一个标准：就是他践行了自己讲课的内容，不仅活出了自己，也愿意带领更多的人成长。

振源老师和朝杰老师就是这样的导师，刚说了我是天蝎座，一旦认准了就超级专一，认准了这两位老师，就会一直跟着他们走下去，他们就是我的灯塔，我的光。

第二个关键词：行动。

说完第一个关键词灯塔，下面来到第二个关键词：行动。

做到才能知道，这是在振源私房课中学到的非常重要的一点。只有行动起来，才能形成一个完整的闭环，不然学再多都是纸上谈兵，荒废人生。在职场表达训练营中，我把学到的知识应用到工作生活中，用过了，才算真的明白了。

朝杰老师有一节课专门讲故事思维，他告诉我们没有人喜欢听大道理，一个好故事胜过一堆大道理。以前我以为领导总是爱听道理的，后来才发现其实不然。一次给领导写汇报材料，说明今年取得的成绩，罗列了一堆数据，结果领导说，再补充几个案例吧，我这才恍然大悟，案例就是故事啊，原来领导也爱听故事。朝杰老师说，好故事是攒出来的，从那以后，我就注意收集各种案例，并分门别类整理好，再遇到汇报、写材料，就融入案例讲故事，果然得到领导的一致好评。

关于即兴演讲，朝杰老师教我们一个万能法则就是"讲三点"，学完之后，开会发言，我讲三点；写邮件，我一般都写三点。现在连微信群布置工作，我都归纳三点，同事们都说，这样他们不仅看得清楚，记起来也方便。

第三个关键词：直觉。

说完了灯塔和行动，来到最后一个关键词直觉。

乔布斯说，相信你的直觉，它比思维更强大。直觉知道我们内心深处真正渴望什么，它就像人生的智能导航仪，往左走还是往右走，问问内心便知。当有一些事，虽然让我们感到恐惧，比如突破认知、公众演讲，但假如在恐惧之下，我们感受到一种激动、一种渴望，那就是直觉在告诉我们：去做，去做呀！

作为有超强第六感的天蝎，我就是跟着直觉一路走来，在行动中，曾经的恐惧逐渐散去，在两位老师如灯塔一般温暖光芒的引领下，感觉自己的脚步越来越坚定，未来的路也越来越清晰。灯塔、行动、直觉，是带我走入美好生活的三个关键词，假如对你有所启发，请一定记得告诉我。

最后，祝愿在座的每位朋友生活幸福、心想事成。